# 国学一本通

徐　潜◎主编

# 鬼谷子

春秋·鬼谷子◎著　王克平◎译评

吉林文史出版社

**图书在版编目（CIP）数据**

鬼谷子/（春秋）鬼谷子著；王克平译评.—长春：吉林文史出版社，
2010.2(2022.1重印)
（国学一本通/徐潜主编）
ISBN 978-7-5472-0154-1
Ⅰ.①鬼… Ⅱ.①鬼…②王… Ⅲ.①纵横家②鬼谷子—注释③鬼谷子—译文
Ⅳ.①B228

中国版本图书馆CIP数据核字（2010）第006995号

**国学一本通**

# 鬼谷子

**出版人/徐 潜**

出版/吉林出版集团 吉林文史出版社

出版发行/吉林文史出版社（长春市人民大街4646号） www.jlws.com.cn

主编/徐 潜

原著/鬼谷子

译评/王克平

项目负责/王尔立

责任编辑/王尔立 王文亮

责任校对/李洁华

装帧设计/李岩冰 董晓丽

印刷/北京一鑫印务有限责任公司

版次/2011年12月第1版 2022年1月第2次印刷

开本/720mm×1000mm 1/16

字数/280千字

印张/13

书号/ISBN 978-7-5472-0154-1

定价/52.00元

# 前言

战国时代，不仅是一个诸侯兼并、互相攻伐的时代，也是一个思想活跃、学术流派众多、文化空前繁荣的时代。在诸子百家中，鬼谷子及其所创立的纵横家是其中的一个重要学派。鬼谷子思想博大精深、富含哲理、注重实用、奇妙诡异，是我国文化宝库中具有特殊价值的珍贵遗产，在当时即发挥了重要的作用，对后世也产生了广泛而深远的影响。

但由于历史记载的疏略和资料的匮乏，关于鬼谷子其人、其事、其著作中的一些问题历来众说纷纭、莫衷一是。

**一、鬼谷子其人**

鬼谷子是我国战国时期一位杰出的思想家、谋略家、教育家，是纵横家的鼻祖。

鬼谷子的姓名传说不一，按照传统的说法，鬼谷子姓王，名诩，因隐于鬼谷，自号“鬼谷先生”，人称“鬼谷子”。他是一位既不争名于朝，又不争利于市的隐士、高人。他虽有《鬼谷子》一书流传于世，却隐去了自己的姓名和籍贯，成为我国先秦史上最具神秘色彩、但又真实可信的历史人物。

鬼谷子一生，云游过许多名山大川，或隐居著书，或讲学授徒，应有过许多隐居之地。目前，声称是鬼谷子隐居讲学之地的在全国就有不下十处，如河南的淇县、汝阳和登封，陕西的石泉、三原和韩城，山东的蒙阴，湖北的当阳，湖南的大庸（现张家界市），浙江的宁波，江西的贵溪等。按战国时期的历史事实和鬼谷子的活动情况看，说他隐居在长江以南的湖南、浙江、江西的可能性不大。至于北方的几种说法目前尚无定论，似乎可以暂且并存。因为，依据现有的资料说某一处就是鬼谷子的隐居地，难以形成共识，也很难成为定论；另外，鬼谷子一生不可能只住一处、只在一地讲学，黄河中游是战国时期的政治、文化活动中心，鬼谷子在这一带隐居讲学是合乎常理的。

在上面提到的几处鬼谷子隐居讲学地中，意见相对集中的是河南的淇县、陕西的石泉。持“淇县说”的人认为，鬼谷子是卫国人，经常进入云梦山(在今河南省鹤壁市淇县西部)采药修道。因隐居清溪之鬼谷，所以称“鬼谷先生”。目前在淇县云梦山一带，还有鬼谷洞、孙膑洞、毛遂洞、仙牛洞等，中央电视台拍摄的《鬼谷子》就在淇县的云梦山，全国鬼谷子学术研讨会和全国鬼谷子与纵横家文化研讨会也在这里召开。明代《淇县志》也有记载，说云梦山是鬼谷子的仙栖之处。持“石泉说”的人，根据石泉县境内现有的地上文献资料（包括特殊的地理位置及生态环境）和地下的考古材料（包括碑刻记载等），认为鬼谷子是战国时期的楚国人，居住在楚国境内的“汉滨鬼谷山”，即今石泉县云雾山中的鬼谷岭。西晋初年皇甫谧作《鬼谷子注》曰：“鬼谷先生，楚人也，生于周世，隐居鬼谷。”杜光庭《录异记》载“鬼谷先生者……居汉滨鬼谷山”，指的正是石泉的鬼谷岭。石泉鬼谷岭生态环境也比较特殊，终年云雾缭绕、古朴神秘、奇山秀水、飞尘罕至，正是鬼谷子隐居授徒的好地方。现在的石泉鬼谷岭上，还保留有鬼谷子文化的历史遗存。经有关部门批准，石泉鬼谷岭古遗址已成为省级文物保护区。

《史记》被称为信史，《史记》中提到的战国时期的历史人物都确有其人，并非虚构。因此，我们也没有理由否定鬼谷子的存在。《史记》的《苏秦列传》和《张仪列传》都说他们“习之于鬼谷先生”、“俱事鬼谷先生学术”。可见，鬼谷子是当时叱咤风云的纵横家苏秦和张仪的老师，这是毋庸置疑的。苏秦提倡合纵，凭其三寸不烂之舌，劝说六国国君联合起来共同对付强大的秦国，身佩六国相印，这在历史上也再无第二人。张仪提倡连横，他凭借着高超的智谋和辩术而成为秦国宰相，一次次瓦解其他诸侯国的合纵，为秦国立下不朽的功劳。据记载，军事奇才孙膑、庞涓也是鬼谷子的学生，他们一同在鬼谷子门下学习兵法，后来都成为战国时期的大军事家。孙膑曾担任齐国的军师，不但是一位卓越的军事家，也是一位杰出的军事理论家，著有《孙膑兵法》传世。在《汉书·艺文志》中，班固把《孙子兵法》列为所有兵书之首，而《孙膑兵法》则位居第二，在吴起兵法、范蠡兵法及其他兵法之上。庞涓曾被魏王任命为军队统帅，执掌魏国兵权。庞涓上任不久，便攻打魏国周围的诸侯小国。当时，他每战必胜，每攻必克。魏国因拥有庞涓而威震天下，宋、鲁、卫、郑的国君纷纷去到魏国朝贺，表示顺服。

**二、鬼谷子其书及所蕴含的思想**

被称为“旷世奇书”的《鬼谷子》成书于战国时期，是纵横家的第一部经典，是一部真实的、在诸子中独具特色的珍贵文献。

过去有人说《鬼谷子》是伪书，主要原因是《汉书·艺文志》中没有记载。但是，从近些年来出土的帛书、竹简等文物考证，有很多先秦古籍在《汉书·艺文志》中都没有收录和记载。可见《汉书·艺文志》有大量的疏漏之处，它的记载与否，并不能作为判别一书真伪的标准。实际上，《鬼谷子》一书自汉初以来一直在流传，《淮南子》、《史记·太史公自序》、扬雄《法言》、刘向《说苑》以及王充《论衡》等书，或直接引用《鬼谷子》原文，或化用《鬼谷子》的文意，且其书所引事实及语言特点也体现了战国时期的文体风格，都可证明《鬼谷子》一书是先秦古籍。战国时代正是天下大乱之时，纵横家们大讲纵横捭阖，《鬼谷子》正是纵横家学术理论的结晶。《鬼谷子》类似教科书，非苏秦所能为和所愿为，其作者也不是六朝的好事者，而就是鬼谷先生本人。书中所揭示的纵横家所应遵循的原则，可运用的技巧谋略，只有当老师的才愿倾囊给学生传授，以便其出道，并能说服人主、获取功业。

传说鬼谷子其人受命于天，得书于仙，经历极其神奇。揭去《鬼谷子》一书的神秘色彩，其立论高深幽玄，文字奇古神妙，代表了战国游说之士的理论和策略，是纵横术的经验总结，是一本充满智慧、博大精深的奇书，具有很高的实用价值。

纵横家所崇尚的是权谋策略及言谈辩论之技巧。《鬼谷子》特别讲究策略、计谋的运用，是着眼全局的游说谋略，对游说活动的规律进行了理论上的阐释。由于游说对象主要是战国时期的各个诸侯国，谋略的出发点多是维护本国的利益，因而谋略的范围就涉及到各国之间的政治、经济、军事、外交等方面。鬼谷子认为，游说是实现富国安民的策略，游说者要有天下情结和全局观念。《揣篇》说："古之善用天下者，必量天下之权，而揣诸侯之情。量权不审，不知强弱轻重之称；揣情不审，不知隐匿变化之动静。"谋略的目的是"养民"、"化人"。《鬼谷子》谋政有一个明确的指导思想，就是天下有事则出以济世，无事则隐而养身。

鬼谷子认为游说必须以熟知彼己为先决条件。从本质上说，一切游说活动最终还是要落到人上，游说谋略也不能不体现在谋人上。谋人，是一切游说活动的突破口。谋人的依据是先知其人，知其人才能掌握主动，进退有据。所谓"揣情"，就是摸清对手的内心世界，要尽可能地了解和掌握对方的情况，周密搜集和整理各种信息，要认清对手的个人品格、特点，根据不同的人采取不同的对策，游说才会有成效。比如，志士仁人轻财重义，所以不能用财物来引诱他；勇敢的人不怕危险，不能用忧患来威胁他，不如让他承担危险的任务；聪明的人通达事理，不能用欺骗的方法使他就范，可晓之以理、动之以情，激励他建功立业。又如，愚鲁者容易受蒙蔽，贪婪者容易被诱惑，必须因人因事而用之。还要认清游说对象的人事关系、处境，以便因势利导。"外亲而内疏者说内，内亲而外疏者说外。"既要熟识内情，还要会顺水推舟。"因其势以成之，因其恶以权之，因其患以斥之"' 最终实现游说的目的。同时，要对自身的优劣做出正确的估价。《忤合》篇中说："故忤合之道，己必自度材能知睿，量长短、远近孰不如，乃可以进，乃可以退；乃可以纵，乃可以横。"即估量自己的才能和智慧，又要度量他人的优劣长短，分析远近范围内还比不上谁，这样知己知彼后，就能随心所欲。《反应》篇还提出："知之始己，自知而后知人也。"这样才能做到"相知"。可见，游说首先对自己的底数要清楚，自己底数不清，就不能有效地驾驭对方。

鬼谷子认为善于与对方沟通是游说成功的重要一环。《内揵》篇说：在人事关系中，常有"远而亲，近而疏；就之不用，去之反求。日进前而不御，遥闻声而相思"的错位情况，原因就在于他们之间有没有共同点。有共同点，距离不是亲近的障碍，在位不是信任的必然，谋面不是沟通的关键。同声相应，同气相求，共同的爱好和追求才是交往的基础。游说是利益的追求，与游说对象不可能是知音，但却可以努力寻找共同点。“或结以道德，或结以党友，或结以财货，或结以采色”，只要找到某种共同点，就可能成为成功的催化剂。相反，“不见其类而为之者见逆，不得其情而说之者见非”，也就是容易遭到拒绝或否定。所以必须采取顺水推舟之策，“人之有好，学而顺之；人之有恶，避而讳之”，这就叫“因求而与”。当你摸准了对方的脾气，就找到了出人进退之门，进一步交往就游刃有余了。《鬼谷子》这一思想旨在告诉人们，如果能正确地运用各种沟通手段，尽可能地创造良好的氛围，就会使游说获得成功。

《鬼谷子》的主要内容是论述游说活动，这是无需怀疑的。但纵横之术与军事关系密切，游说不能不知兵，不能不知道军事形势，否则游说就不会取得好的效果。《鬼谷子》中涉及的谋略问题，与军事活动不同事而同理，其思想原则完全可以移植于军事领域。谋兵，是鬼谷子谋略在军事上的应用。《鬼谷子》中的不少论述具有普遍性、原则性，可用以言谈，亦可用于军事。如《揣篇》：“揣情者，必以其甚喜之时，往而极其欲也；其有欲也，不能隐其情。必以其甚惧之时，往而极其恶也；其有恶也，不能隐其情。”《反应》篇：“反以观往，覆以验来；反以知古，覆以知今；反以知彼，覆以知己。”这些理论完全可用于军事领域，即总结古往今来的经验，洞察敌我双方的情况，并以虚虚实实的假象勾引敌人，迷惑敌人，欺骗敌人，暴露敌人。又如《揣篇》：“度于大小，谋于众寡。称货财有无之数，料人民多少、饶乏，有余不足几何？辨地形之险易，孰利、孰害？谋虑，孰长、孰短？揆君臣之亲疏，孰贤、孰不肖？与宾客之智慧，孰少、孰多？观天时之祸福，孰吉、孰凶？诸侯之交，孰用、孰不用？百姓之心，去就变化，孰安、孰危？孰好、孰憎？反侧孰辩？”这正是军事家“知己知彼，百战不殆”的基本条件。所以《鬼谷子》的理论与《孙子兵法》在基本理论体系上是共通的，讲的都是根据自然和事物变化的规律来保存自己，克敌制胜。不同之处在于，《鬼谷子》讲的是以言取胜，《孙子兵法》讲的是以战取胜。鬼谷子的学生张仪创导了连横的外交学说，提出了秦联合东方一诸侯国攻打东方其他诸侯国的策略，这一外交策略得源于《鬼谷子》的理论，到战国晚期成为秦推行“远交近攻”的军事谋略。东方六国未能团结御秦，却被秦远交近攻，一一击破，可以说是鬼谷子思想在军事上的成功应用。

魏晋时期，道教把《鬼谷子》列为经典，东晋初年葛洪《抱朴子·遐览》列道教经典137种，其中就有《鬼谷经》，后世多把鬼谷子作为道家的祖师之一。鬼谷子与老子以及他们的理论，也确有许多相通之处。老子和鬼谷子都是隐居山林、不仕不宦的高士，都主张顺应自然和人世规律来处世。他们的理论不具体地涉及人世间的人和事，可以为所有国家、所有人士所用，而且超脱、抽象，都有朴素辩证法的观点。此外，鬼谷子著作中所讲的“内揵”、“抵巇”、“飞箝”、“忤合”、“揣”、“摩”、“权”、“谋”等理论，既是纵横家游说的理论基础，又是新兴君主兼并天下、加强专制集权、驾驭臣下百姓、保持势位的权谋之术。所以，鬼谷子的权谋言谈之术，既可用之于外交，也可用之于君主驾驭臣下百姓，成为秦汉以后专制君主加强集权的重要方法。

**三、鬼谷子文化的发掘和利用**

鬼谷子的理论在战国时代产生过巨大影响，并在实践中得到广泛的应用，以张仪、苏秦为代表的纵横家驰骋天下、叱咤风云，孙膑、庞涓则在军事上展露了他们杰出的军事才能。汉武帝罢黜百家、独尊儒术，儒学被确立为正统。以后的历朝历代封建统治者，也都沿袭了这种做法。注重技巧实用、蕴含深邃哲理的鬼谷子思想，被指斥为“妄言”、“失道”，遭到了排斥。

鬼谷子文化博大精深。凡是与鬼谷子其人、其思想有关的文化现象，包括物质和精神方面的东西，都是鬼谷子文化研究的对象。今天，我们研究古人，发掘优秀民族文化，是为了弘扬中华民族的优秀传统，发挥它在外交、商贸、公关、日常交往中的作用。

深入研究是开发利用鬼谷子文化的基础。鬼谷子是一位不愿留名于后世的隐士，他的身世至今仍是一个历史之谜。他的隐居之地有很多历史遗存和文化遗址，为我们的研究提供了丰富的考证资料。要加强对鬼谷子其人的研究，让鬼谷子从历史的迷雾中走出来。《鬼谷子》一书具有独特的价值，要深入发掘其中的文化内涵，探讨其思想理论的价值与作用，研究角度要包括历史、政治、军事、文学、语言等多个层面，让鬼谷子的智慧应用于当今社会的诸多领域。以鬼谷子为鼻祖的纵横家是一个很特殊的学派，融合了多家的思想学说，他们面对现实，运用各家之长，审时度势，随机应变。在今天看来，纵横家的学说仍有着特别的借鉴意义和广泛的实用性。鬼谷子的思想与以老子为代表的道家思想，有着千丝万缕的联系。历史上，鬼谷子其人被道教所神化，鬼谷子的著作被道教所收藏并流传后世。研究道家思想，有助于深化鬼谷子文化的研究。

鬼谷子的隐居之地，目前据称有十余处，留有很多历史遗存和文化遗址。这些地方可以进行旅游开发，不但能促进文化交流、学术研究，还会带动当地经济的发展。据报道，2009年3月，台湾鬼谷子学术研究会一行150人到河南淇县参访交流，在云梦山举办了盛大的参拜和祭祀活动。可见，鬼谷子文化已成为两岸学术交流的纽带，必定会增进两岸的文化、经贸交流。陕西石泉的鬼谷岭古遗址，也已成为省级文物保护区，以此开发石泉的旅游业，为发展当地经济提供服务。

2006年7月12日，一个高不过27.5厘米、直径33厘米的元代青花大罐“鬼谷子下山”，在伦敦佳士得拍卖行竟拍出了2.3亿元人民币的天价，创下了亚洲艺术品拍卖的最高成交价，也刷新了中国瓷器和工艺品拍卖价格的世界记录。难道就因为这只元青花大罐绘有“鬼谷子下山”的图案而值这么多钱吗？既是，也不是。

《鬼谷子》一书，在海外也有很大影响，鬼谷子成为备受世界各国人民尊重的历史文化名人。《鬼谷子》大约在唐末流传至日本，受到日本历代学者的重视。较好的版本有皆川愿的《鬼谷子考订》，它以尹知章注本为底本进行了校注。田冈佐代治的《和译鬼谷子》在日本的流传也比较广泛。日本学者大桥武夫曾著书《国际战略元典鬼谷子》，阐述鬼谷子智谋在现代竞争中的应用价值。据悉，鬼谷子在德国、美国、新加坡、马来西亚、菲律宾、澳大利亚等国也有广泛的影响，或者以其名设立研究院、学术奖金、学术刊物，阅读、研究《鬼谷子》的人越来越多。随着时间的延续，鬼谷子的影响将会越来越广泛而深远。

鬼谷子被誉为千古奇人、东方智圣，他之所以成为被中国乃至世界各国人民尊崇、喜闻乐道的历史文化名人，是因为他把政治之道、外交之道、军事之道、商贸之道、术数之道融为一体，是因为他的学术思想是为国为民的大谋略家的思想，是因为他的智慧是经天纬地、包罗万象的大智慧。《鬼谷子》一书，是一部研究社会谋略权术的智慧之书，是外事、商贸、公关领域及日常交际中的“孙子兵法”。本着“古为今用”的原则，我们今天来研读它，学习、继承和借鉴鬼谷子博大精深的学术思想是很有现实意义的。

### 四、《鬼谷子》的版本

《鬼谷子》，《汉书·艺文志》未著录。《隋书·经籍志》始著录，计三卷，列为纵横家。《旧唐书·经籍志》、《新唐书·艺文志》均作二卷，后人注为三卷。《通志·艺文略》引皇甫谧注为楚人著作。

《鬼谷子》的版本，常见者有正统道藏本、嘉庆十年江都秦氏刊本、四部丛刊本、丛书集成本等。在《鬼谷子》的校本中，以秦恩复校注的《鬼谷子》成就最大，并且于乾隆五十四年和嘉庆十年两次校刻，嘉庆十年秦氏刊本是目前所能见到的最好的版本。

唐前的《鬼谷子》注本曾有四家，魏晋时期的皇甫谧、南朝梁的陶弘景、唐代的乐壹和尹知章。皇甫谧注恐在唐时就已经散佚，陶弘景注现存，乐壹注在一些版本的注文尚可见到，尹知章注国内不见、日本有存。

嘉庆十年江都秦氏刊本《鬼谷子》用陶弘景注，分为卷上、卷中、卷下三卷。卷上为《捭阖第一》、《反应第二》、《内揵第三》、《抵巇第四》，计四篇；卷中为《飞箝第五》、《忤合第六》、《揣篇第七》、《摩篇第八》、《权篇第九》、《谋篇第十》、《决篇第十一》、《符言第十二》、《转丸第十三》、《胠乱第十四》十篇，其中《转丸第十三》、《胠乱第十四》两篇亡佚，实存八篇；卷下收录有《本经阴符七术》、

《持枢》、《中经》三篇。从其标题、内容和篇幅长短的悬殊看，卷下三篇与前面的十四篇有很大差异，当非鬼谷子亲撰，而出于后人的附益。有的本子即题为“外篇”，把它们当做后学者的习作，与《庄子》有内、外、杂篇同类，应该是比较恰当的。

陶弘景是南朝齐梁时期有名的世外高人，他博览群书、工草隶、善琴棋、好道术、明阴阳、懂医药、熟兵法、知天文地理。齐高帝时拜左卫殿中将军。人梁，隐居于句曲山中，号“华阳真人”。梁武帝时礼聘不出，朝廷遇有吉凶征讨大事，常到山中向他咨询，当时人把他视为“山中宰相”。陶弘景对《鬼谷子》十分厚爱，所注《鬼谷子》不仅从文字上释义，而且加以点评、发挥。

《鬼谷子》虽然是奇葩精品，但它毕竟年代久远，文字和内容深奥，现代人阅读起来相当困难。今人为使这部古代精品重放异彩做了许多工作，本书以嘉庆十年江都秦氏刊本《鬼谷子》为底本，同时参照陶弘景注，并借鉴了现代人的一些注本编写而成。在此奉献给广大读者，力求为弘扬中华文化尽一点绵薄之力，希望能对人们阅读《鬼谷子》、了解鬼谷子文化有所帮助。

王克平

2009年初冬

# 鬼谷子

## 目录

### 卷上



### 卷中

# 卷上

# 捭阖第一

“捭阖”是《鬼谷子》的第一篇。“捭（bǎi）”，是“打开”的意思；“阖（hé）”，是“闭合”的意思，“捭阖”的本义就是开合。

在《鬼谷子》一书中“捭阖”被赋予了丰富的含义，但是其基本含义还是指开合。《鬼谷子》一书认为，一开一合是事物发展变化的普遍规律，认识它是掌握事物的关键。纵横家以开合之道作为权变的根据，并且运用在游说术之中。

作为游说之术，“捭阖”是《鬼谷子》关于把握游说的时机与技巧的方法。从游说的角度看，“捭”就是公开说出自己的意见，并引发对方说出意见；“阖”就是保持沉默，让对方先说出他的意见。因而它是进行游说活动的最基本的和常用的方法。

粤若稽古[1]，圣人之在天地间也，为众生之先[2]。观阴阳之开阖以名命物[3]，知存亡之门户[4]，筹策万类之终始[5]，达人心之理，见变化之朕焉[6]，而守司其门户[7]。故圣人之在天下也，自古及今，其道一也[8]。变化无穷，各有所归[9]。或阴或阳，或柔或刚，或开或闭，或弛或张。是故圣人一守司其门户[10]，审察其所先后[11]，度权量能[12]，校其伎巧短长[13]。

## 译文

纵观古今历史，可知圣人生活在天地之间，就是做大众的先导者。通过观察阴阳的变化情况来给万物命名，进而知道事物生死存亡的道理，测算万物由开始到结束的演变过程，通达人们思想变化的规律，揭示事物变化的征兆，从而把握事物发展变化的关键。所以，圣人在人世间，从古到今，始终遵循着大自然的变化规律，并以此驾驭万物。事物的变化虽然无穷无尽，然而都各有归宿：或者属阴，或者归阳；或者柔弱，或者刚强；或者开放，或者封闭；或者松弛，或者紧张。所以，圣人要始终把握万物发展变化的关键，调查判断事物变化的先后顺序，揣度它的权谋，考量它的能力，再比较技巧方面的长处和短处。

◎鬼谷祠◎

## 注释

①粤若稽古：意为按照一定的规律考察历史。粤，语气助词。若，顺。稽（jī），考察。
②先：先知先觉，先导。此义指先导者、先驱者。
③观阴阳之开阖以名命物：观察阴阳的变化情况来给万物命名。阴阳，古人以阴和阳概括宇宙中对立统一的两类事物或现象。《周易》中说："一阴一阳之谓道。"地、秋、夜、暗、臣、女性等为"阴"，是被动的一类；天、春、昼、明、君、男性等为"阳"，是主动的一类。
④门户：此处指关键之处。
⑤筹策：计算、策划。万类：万物。
⑥朕：指征兆、迹象。
⑦守司：看守和管理，即把握。
⑧其道一也：大自然的规律，和圣人的道理都是一致的。
⑨各有所归：世间一切事物各有归宿。归，归属、归宿。
⑩一守：谨守一个法则。
⑪审察其所先后：应该先的事物应居先，应该后的事物就居后，一切都应该调查判定。
⑫度权量能：指测度权衡、比较才能。
⑬伎巧：技巧。"伎"同"技"。

夫贤不肖、智愚、勇怯、仁义，有差①。乃可捭，乃可阖；乃可进，乃可退；乃可贱，乃可贵。无为以牧之②。审定有无，与其实虚；随其嗜欲③，以见其志意。微排其所言而捭反之④，以求其实⑤，贵得其指⑥；阖而捭之，以求其利⑦。或开而示之，或阖而闭之⑧。开而示之者，同其情也⑨；阖而闭之者，异其诚也⑩。可与不可，审明其计谋，以原其同异⑪。离合有守⑫，先从其志。

## 译文

至于贤良和不肖，智慧和愚蠢，勇敢和怯懦，仁爱和义气，都是有区别的。可以开启，也可以闭藏；可以进升，也可以斥退；可以轻视，也可以敬重，都要靠无为来认识考察它们。审慎考察他们才能的有无，以及他们表现的虚实。通过对它们嗜好和欲望的分析，来揭开它们的志向和意愿。开始适当贬抑对方所说的话，当对方敞开后再反驳，以便探察实情，贵在得到对方的真实意向。如果对方闭口不言，那就要设法让他开口，以便探求对方的利害之处。有的情况下要开口展示自己的想法，有的情况下要沉默使之隐藏。开口表示自己的想法，是表示与对方的情趣一致；表示沉默，是因为与对方诚意不同。至于什么可行、什么不可行，就要研究清楚对方的计谋，以推究与对方想法相同或不同的原因。不管双方观点一致还是不一致，必须要有主见并坚持，但要先跟踪对方的思想活动。

◎战国　银环◎

## 注释

①有差：有差异、有差别。指人的各项素质有所不同。

②无为以牧之：在无为中考察。无为，老子哲学的术语，指顺应自然、无所作为，又指外表无喜怒之色而内心有为。牧之，驾驭它、考察它。

③随：按照。嗜欲：喜欢、特殊的爱好。

④微：略微，指适当。排：排斥。捭：开口说话。反之：反着说。

⑤实：实情。

⑥指：通“旨”，旨意、宗旨。

⑦以求其利：以便探求对方的利害之处。利，利害、关键。

⑧或开而示之，或阖而闭之：或者开放使事物显现，或者封闭使事物隐藏。

⑨同其情：与对方情趣相同。

⑩异其诚：与对方诚意相异。

⑪原其同异：探讨事物相同与不同的特点、性质。原，推究。

⑫离：不一致。合：一致。有守：确立自己的观点而信守之。守，遵守、信守。

即欲捭之，贵周[①]；即欲阖之，贵密[②]。周密之贵微[③]，而与道相追[④]。捭之者，料其情也[⑤]；阖之者，结其诚也[⑥]。皆见其权衡轻重[⑦]，乃为之度数[⑧]，圣人因而为之虑。其不中权衡度数[⑨]，圣人因而自为之虑。故捭者，或捭而出之[⑩]，或捭而内之[⑪]；阖者，或阖而取之[⑫]，或阖而去之[⑬]。捭阖者，天地之道。捭阖者，以变动阴阳，四时开闭，以化万物[⑭]。纵横[⑮]、反出、反覆[⑯]、反忤[⑰]，必由此矣[⑱]。

## 译文

如果要开启以表达自己的想法，以完备周详为贵；如果要沉默以隐藏自己的真实想法，以隐密为贵。周详和隐密贵在非常微妙，要合乎规律和道理。让对方坦言，是为了探测他的真情；让对方缄默，是为了与对方互结诚心。所有这些都要衡量、比较谋略的轻重缓急，以便探测出对方各方面的实力表现，圣人会因此而用心思索。假如不能探测出对方谋略的轻重、实力的程度，圣人就要针对情况自己独立思考。因此，所谓开放，或者是开放而放出去；或者是开放而收进来。所谓封闭，或者是通过封闭而自我约束；或者是通过封闭而使他人离开。开放与封闭是世界上各种事物发展变化的规律。开放和封闭都是为了使事物阴阳对立的各方面发生变化，就像一年四季的开始与终结一样促使万物发生变化。由此可知万物的纵横变化，无论是离开、归复、反抗，都是必须通过开放或封闭来实现的。

◎军坛◎

## 注释

①周：周密、不遗漏。要行动时，必须作周密的考虑。
②密：隐密、保密。
③微：微妙。
④与道相追：合乎道之理，与道相贴近。相追，相伴随。
⑤料其情：检验实情的真伪。
⑥结其诚：与对方互结诚心。结，交、结交。
⑦权衡轻重：衡量、比较事物轻重。
⑧为之度数：测量重量和长度的数值。
⑨不中(zhònɡ)：没测准。中，命中。
⑩出之：指出去、放出去。
⑪内：通“纳”，收容、接纳。
⑫阖而取之：闭合而收取。
⑬阖而去之：闭合而拒绝。
⑭以化万物：从而化育万物。
⑮纵横：自由自在的变化。
⑯反覆：或离反或复旧。
⑰忤(wǔ)：不顺从、逆反。
⑱由此：根据捭阖原则。

捭阖者，道之大化，说之变也[1]。必豫审其变化[2]，吉凶大命系焉[3]。口者，心之门户也；心者，神之主也[4]。志意、喜欲、思虑、智谋，此皆由门户出入。故关之以捭阖[5]，制之以出入[6]。捭之者，开也、言也、阳也；阖之者，闭也、默也、阴也。阴阳其和[7]，终始其义[8]。故言长生、安乐、富贵、尊荣、显名、爱好、财利、得意、喜欲为阳，曰“始”。故言死亡、忧患、贫贱、苦辱、弃损、亡利、失意、有害、刑戮、诛罚为阴，曰“终”。诸言法阳之类者[9]，皆曰“始”，言善以始其事；诸言法阴之类者，皆曰“终”，言恶以终其谋。

身居雲夢精揣摩術數曉天下事

## 译文

开放和封闭是万物运行规律的一种体现，是游说活动的一种形态。人们必须预先周详地考察万物的变化，事情的吉凶、人们的命运都系于此。口是人心灵的门户，心是人精神的主宰。人的志向和意愿、喜好和欲望、思维和谋略，都要通过口这一门户表达出来。因此，要用开放和封闭法来把守这个关口，以控制心声的表达。所谓开放之术，属于公开的、可言及的、阳的方面；所谓闭合之术，属于关闭的、沉默的、阴的方面。阴阳两方相协调，开放与封闭才能有节度，才能善始善终。所以说，长生、安乐、富贵、尊荣、显名、嗜好、财货、得意、情欲等，属于“阳”的一类事物，叫做“始”。而死亡、忧患、贫贱、羞辱、毁弃、损伤、失意、灾害、刑戮、诛罚等，属于“阴”的一类事物，叫做“终”。各种言论属于“阳”一类的，都叫做“始”，它从正面宣传各种利益好处，从而使事情有一个好的开端；各种言论属于“阴”一类的，都叫做“终”，它从反面宣传各种危害坏处，从而结束不适当的谋略。

◎舍身台◎

相传，战国时期只有有勇气从台上跳下的人才有资格当鬼谷子的弟子。

## 注释

①大化：变化。变：变化技巧、灵活运用。
②豫：预先、事先。审：详察、细究。
③焉：指示代词兼句末语气词，相当于介词“于”加代词“是”或“此”。
④神：此处指人的主体精神。
⑤关之以捭阖：以开闭之术控制。关，设卡、控制。
⑥制之以出入：以控制心声的表达。
⑦和：和谐、有节。
⑧终始其义：指始终保持的义理，即善始善终。
⑨诸言：各种言论。法：效法、遵循。

捭阖之道，以阴阳试之。故与阳言者，依崇高；与阴言者，依卑小。以下求小，以高求大。由此言之，无所不出[①]，无所不入[②]，无所不可[③]。可以说人，可以说家，可以说国，可以说天下。为小无内，为大无外[④]。益损[⑤]、去就[⑥]、倍反[⑦]，皆以阴阳御其事[⑧]。阳动而行，阴止而藏；阳动而出，阴隐而入。阳还终阴，阴极反阳[⑨]。以阳动者，德相生也；以阴静者，形相成也。以阳求阴，苞以德也[⑩]；以阴结阳，施以力也。阴阳相求，由捭阖也。此天地阴阳之道，而说人之法也[⑪]。为万事之先，是谓圆方之门户 。

## 译文

关于开放和封闭的规律，都要从阴阳两方面来试验。因此，对从阳的方面来游说的人，按崇高的原则引导对方；而对从阴的方面来游说的人，按卑下的原则引导对方。用卑下来求索微小，以崇高来求索博大。由此看来，没有什么不能出去，没有什么不能进来，没有什么是办不成的。用这个道理可以游说普通人，可以游说士大夫，可以游说诸侯各国，可以游说天下。要做小事的时候没有“内”的界限，要做大事的时候没有“外”的疆界。补益和损害、离去和接近、背叛和归附等行为，都是在阴、阳的变化中运行的。阳气产生则行动，阴气滞留则隐藏。阳气产生则出仕，阴气静止则入山。阳的方面，环行于终点，开端是阴；阴的方面，到了极点就反归为阳。随阳气而行动的人，道行就会相伴而生；随阴气而静止的人，形体相互促成。所以，用“阳”来求得“阴”，就要用道德来包容；用“阴”来求得“阳”，就要施用力量。阴与阳之间的相互转化，就是遵循“捭阖”之理。这是天下间的阴阳之道，也是向他人游说的基本方法。它是一切事情的前提，也叫做天地之门户。

## 注释

①无所不出：没有什么不能出。
②无所不入：没有什么不能入。
③无所不可：没有什么不可。
④为小无内，为大无外：做小事不尽其小，做大事无限其大。
⑤益损：有益和损害。
⑥去：离开、离去。就：接近、靠近。
⑦倍反：背叛和归附。倍，通“背”，背叛。反，同“返”，返回。
⑧御：控制、管理。
⑨阳还终阴，阴极反阳：意为阴阳运行，彼此相生，它们之间是可以互相转化的。
⑩苞以德：以德苞之。苞，通“包”，包含、包容。
⑪说人之法：游说人的方法。
⑫圆方之门户：宇宙的门户。圆方，天圆地方，指天地宇宙。

## 智慧·谋略

“捭阖”的本义是开合。《鬼谷子》认为，一开一合是事物发展变化的普遍规律，认识它是掌握事物的关键。

作为游说之术，“捭阖”是《鬼谷子》关于把握游说的时机与技巧的方法。《鬼谷子》认为，口是人心灵的窗户，人的意向、欲望、思维和谋略，都要通过口用语言表达出来。因此，要用开放和封闭来把守这个关口，以控制心声的表达。有时候口是吃饭的，不能说话，说之必失，这时候就需要阖；有时口必须张开，用讲道理去游说人、游说家、游说国、游说天下。纵横家运用捭阖术的过程是先估量对方的贤、智、勇等方面的情况，然后再考虑运用捭阖之术。有时需要让对方坦言然后再反驳，以便探察对方的实情，进而得到对方的真实意向。如果对方闭口不言，那就要设法让他开口，目的是探求对方的利害之处。有的时候要开口说出自己的想法，是表示与对方的情趣一致，这时以完备周详为贵；有的情况下要表示沉默，以隐藏自己的真实想法，这时以隐密为贵。它告诉人们在游说时，何时应直言陈词，何时应沉默不语，因而它是进行游说活动的最基本和常用的方法。

◎战国　楚国铸造的黄金货币◎

唐太宗李世民是一个善于听取臣下意见的开明皇帝。但到他晚年的时候，看到天下一派太平景象，也渐渐生出骄傲情绪。身为谏议大夫的魏征就想找个机会，向唐太宗指出这个问题。贞观十二年的一天，唐太宗为庆祝皇孙诞生宴请大臣。席间，唐太宗高兴地说："贞观之前，随我夺取天下，是房玄龄的功劳；贞观以来，帮我纠正错误，是魏征的功劳。"他命人取来两把漂亮的佩刀，赐给房玄龄和魏征。房玄龄爽快地接了过去，魏征却说："臣实受之有愧！"唐太宗奇怪地问道："此话怎讲？"魏征说："近些年政事已大不如贞观之初，说明我并没有尽到纠正各种错误之责，所以受之有愧！"接着，魏征列举贞观初年和此前不久发生的事情作对比，指出过去唐太宗担心国家没治理好，所以鼓励群臣进谏，并能愉快地接受；而近来以为治理好了，勉强接受大臣的意见。魏征这次逗引唐太宗发问而进谏，是在唐太宗喜得孙儿、心情非常好的时候进行的，这是使唐太宗接受劝谏的最佳时机。所以，唐太宗听了魏征长篇大论的谏言，不但没有恼怒，反而大笑着说：要把魏征的话抄录在屋里的屏障上，早晚阅读以提醒自己，并要史官写入史书之中。

《鬼谷子》认为，人是有贤良与不肖、智慧与愚蠢、勇敢与怯懦、仁爱与义气之分的。要审慎考察他们才能的有无，通过对他们嗜好和欲望的分析，来判断他们的志向和意愿。对于他们，要根据每个人的特点，采取相应的对策，可以开启，也可以闭藏，可以轻视，也可以敬重。不管双方观点一致还是不一致，要先跟踪对方的思想活动。要观察对方的为人，以及权谋得失，与阴险狡诈的人谈卑小，与光明磊落的人谈崇高；然后依节度规律行事，伺间隙而进说辞。如此，没有说不通的理，没有说服不了的人。

有一次，丞相萧何向汉高祖刘邦请求，把上林苑中的一片空地让给百姓耕种。上林苑是一处专门为皇帝游玩打猎用的园林。

汉高祖一听萧何居然要缩减自己的园林，不禁勃然动怒，认为萧何肯定是接受了百姓和商人们的钱财，这才替他们说话办事。就命令廷尉将萧何逮捕下狱，审查治罪。廷尉是当时中央的最高司法官员，当然会秉承皇帝的旨意。正当此时，汉高祖身边的一个人劝阻说："陛下是否还记得以前与项羽抗争以及后来陈豨、英布相继谋反的时候，那几年陛下都亲自带兵东讨，只有丞相一个人驻守关中，关中的百姓又非常拥戴丞相。假如丞相稍有利己之心，那么关中之地就不会是陛下的了。丞相不在那个时候去谋大利，反而会在这个时候去贪占百姓和商人的一点小利吗？"这一席很得体的话，有理有情，一下子点醒了汉高祖，使他意识到自己的鲁莽。汉高祖非常惭愧，当天就下令赦免萧何。危难之时，一席言论就能消灾弭难、转祸为福，可见妙语的巨大作用。

纵横家以开合之道作为权变的根据，认为开放与封闭是世界上各种事物发展变化的规律，认识它是掌握事物的关键。捭阖术就是要掌握这种客观规律，从而达到自己的目的。因此，必须预先周详地考察万物的变化，事情的吉凶、人们的命运都系于此。开放和封闭都是为了使事物阴阳对立的各方面发生变化，就像一年四季开始与终结促使万物发生变化一样。由此可知，万物的纵横变化，无论是离开、归复、反抗，都是必须通过开放或封闭来实现的。

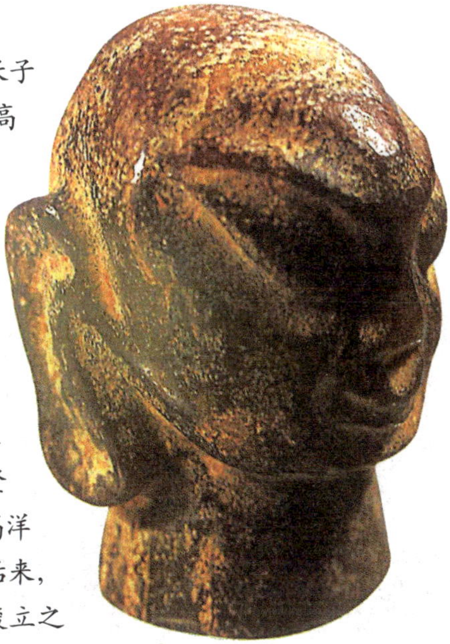

北朝东魏的大丞相、齐王高欢死后，其长子高澄继任大丞相，都督诸军，坐镇晋阳；次子高洋则被封为京畿大都督，在邺都辅佐朝政。高澄凶横暴烈，锋芒毕露，总揽朝政，不可一世。高洋的表现与其兄高澄正好相反，温文尔雅，愚钝憨直，讷言少语，得过且过，对国家大事总是睁一只眼闭一只眼。文武群臣素来看不起他，高澄对这个弟弟更是瞧不上眼。而高洋在其兄高澄面前却是逆来顺受，高洋为自己的妻子购置的好服饰，高澄看上了就据为已有，高洋劝妻子不要气恼；高洋的美妾被其兄高澄调戏，高洋也佯装不知。后来，高澄因对东魏皇帝元善不满，去邺都密谋废立之事，结果被家奴刺杀身亡。高洋得到消息后神色不变，率兵前去将凶手捕杀，而对外却宣布高澄在家奴造反时受了伤。高洋又向皇帝请求护送高澄回晋阳养伤，元善立即批准。元善以为高澄受了伤、高洋难成大器，这下皇权会回归帝室了，心中不免暗喜。高洋回到晋阳后，立即召集属下部署政事，推行新法，革除弊政。不到一年，晋阳治理得井井有条、欣欣向荣。高洋见内外安定，这才宣布高澄去世，为其兄发丧。元善这时还认为高洋毫无野心，晋封高洋为大丞相，都督诸军，袭封齐王。几个月之后，高洋率兵抵达邺都，逼元善禅位。元善闻知，惊得目瞪口呆，只好交出玉玺。高洋南面称尊，改国号为齐，成为北齐的开国皇帝。韬光养晦，是一种隐藏才智、不露真心、蛰收锋芒、待时而动的谋略。高洋正是采取这种以“闭”为自守的策略，最后成就了他的帝王大业。

《鬼谷子》从理论的高度总结了运用语言的要理，并用阴阳哲学进行论述。暗淡、闭藏、柔弱、被动属于“阴”的一面，光明、显露、刚强、主动属于“阳”的一面。《鬼谷子》认为，关于开放和封闭的规律，都可以从阴阳两方面来试验，要从阴阳盛衰的情况判断事物，从而知道生死存亡的道理。世道昌明，说明阳气旺盛，此时应采取积极的行动，如出山求仕；世道衰微，说明阴气旺盛，此时应采取消极的行动，如隐逸避世。就游说而言，时机恰当，说明阳气旺盛，此时可以进说言辞；如果氛围不和，说明阴气旺盛，此时应闭口沉默。《鬼谷子》认为，阴阳又是可以互相转化的。阳环行于终点开端就是阴，阴到了极点就反归为阳。阴阳两方相协调，开放与封闭才能有节度，才能善始善终。

# 反应第二

“反应”是《鬼谷子》的第二篇。“反”，《说文解字》的解释是“覆也”。“反”的本义是把一个东西翻转过来，引申为“反复”、“返回”、“反面”、“反而”等义项。本篇的“反”字，经常与“覆”字对举使用，使用的主要是“反复”这一义项，有时也兼容其他义项。“应”，在本篇中的含义是“反应”、“应和”。

作为游说之术，“反应”是《鬼谷子》关于获取对方信息的一种方法。主要含义是说通过正面或反面的反复观察、了解，准确地掌握对方的反应，包括心理、语言等方面的反应。据此对对方的实情加以探寻，以便紧紧抓住对方，并准确地制定自己相应的策略。

古之大化者①，乃与无形俱生②。反以观往，覆以验来③；反以知古，覆以知今；反以知彼，覆以知己。动静虚实之理④，不合于今，反古而求之。事有反而得覆者⑤，圣人之意也，不可不察。

## 译文

古代以大道教化众生的圣人，是与无形的“道”共生的。反顾而回溯以往，再回首察验未来；反顾以考察历史，再回首以了解当今；反顾以洞察对方，再回首以认识自我。动、静、虚、实的运动原理，如果与现在发生的情况不合，就要到过去的历史中去研求前人的经验。对事情的考察，也要经历由今返古，然后由古回今的过程。这是圣人的见解，不能不认真研究。

## 注释

①大化者：指圣人。化，教化。
②无形：指宇宙中的“道”，它是无形的。
③反以观往，覆以验来：追溯过去的经验，进行研究，以面对当前、认识未来。反，同“返”。覆，反复、再回来。
④动静：是指运动和静止。虚实：真伪的意思。
⑤事有反而得覆者：对事情的考察，也要经历由今返古，然后由古回今的过程。

人言者，动也；己默者，静也。因其言[①]，听其辞[②]。言有不合者[③]，反而求之，其应必出[④]。言有象，事有比[⑤]。其有象比，以观其次。象者象其事，比者比其辞也。以无形求有声，其钓语合事[⑥]，得人实也。其犹张罝网而取兽也[⑦]，多张其会而司之[⑧]。道合其事[⑨]，彼自出之，此钓人之网也。常持其网驱之[⑩]，其不言无比，乃为之变[⑪]。以象动之，以报其心、见其情，随而牧之[⑫]。己反往，彼覆来，言有象比，因而定基。重之、袭之[⑬]、反之、覆之，万事不失其辞。圣人所诱愚智[⑭]，事皆不疑。

## 译文

别人说话，是处于动的状态；自己缄默，是处于静的状态。要根据对方所说的话，来了解他的真实想法。如果对方的言辞有矛盾，就反过来追问他，对方的应对之辞就会出现。语言有形象性，事物可用比喻。有了象征和类比，就可以观察对方下一步的想法和言行。所谓“象”，就是模仿事物；所谓“比”，就是类比言辞。然后以无形的技巧来探察有声的言辞，引诱对方说出我方所要知道的事，从而就得到了对方的实情。这就像张开网具捕兽捕鱼一样，多张开一些网放在野兽、鱼的必经之处，并在一旁等候，就一定能捕捉到它们。如果把捕野兽、捕鱼的方法用在人事上，只要方法符合事理，他自己就会被引出来，这就是钓人的“网”。但是，如果经常拿着“网”驱使对方，对方仍不应答，就不能进行类比，就要为此而改变方法。用形象的语言打动对方，投合他的内心想法，了解他的真情，进而控制对方。自己返回去，对方再度来，双方言辞都有形象、类比，于是心中就有底数了。反复地用言语攻击、偷袭对方，所有的事情都可以通过说话反映出来。尽管圣人诱导愚人和智者的方法不同，但都能得到真情实事而不疑惑。

◎云梦山鬼谷子骑青牛塑像◎

## 注释

①因：依据、根据。
②辞：言辞。指言辞内涵，即真实想法。
③言有不合：所说的话不合理、与事实不合。
④其应必出：对方的应对之辞就会出现，指他的真实情况必然会流露出来。应，应答。
⑤象：形象。比：比喻、类比。
⑥钓语：如钓鱼投饵一般，在交谈时给对方以诱饵，以便引出对方的话头。钓，钓引。合：符合。
⑦罝（jū）（又音jiē）：捕兔子等野兽的网。网：捕鱼等水产品的网。
⑧会：会合、聚集。指会合之处、必经之路。司：等候。
⑨道合其事：方法合乎具体事宜。
⑩驱之：驱赶他，指引人上钩。
⑪乃为之变：就要为此而改变方法。
⑫牧：治、控制。
⑬重之、袭之：重复不断。袭，因袭、沿袭，指照样做。
⑭愚智：指愚者和智者。

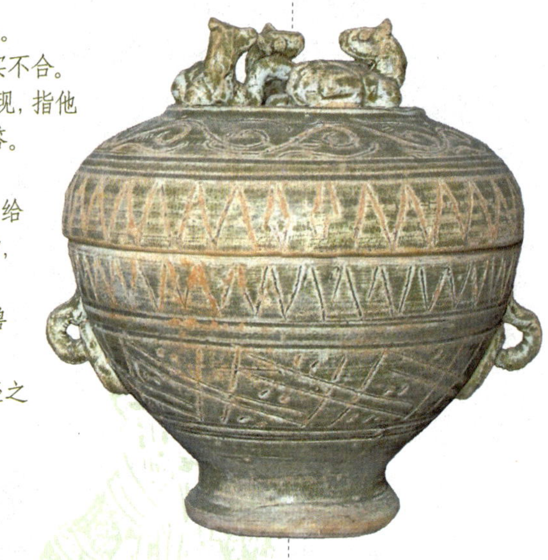

故善反听者，乃变鬼神以得其情[1]。其变当也[2]，而牧之审也[3]。牧之不审，得情不明；得情不明，定基不审。变象比，必有反辞，以还听之[4]。欲闻其声反默，欲张反敛[5]，欲高反下，欲取反与。欲开情者[6]，象而比之，以牧其辞[7]。同声相呼，实理同归。或因此，或因彼；或以事上[8]，或以牧下。此听真伪[9]、知同异，得其情诈也[10]。动作言默与此出入[11]，喜怒由此，以见其式[12]。皆以先定[13]，为之法则。以反求复[14]，观其所讬[15]。故用此者，己欲平静，以听其辞，察其事，论万物，别雄雌。虽非其事，见微知类[16]。若探人而居其内[17]，量其能，射其意[18]。符应不失[19]，如螣蛇之所指[20]，若羿之引矢[21]。

## 译文

所以善于从反面听取别人言论的人，往往使用各种鬼神莫测的变化手段，而了解到真实情况。他们随机应变很得当，对对手的控制也很周密。如果控制不周密，得到的情况就不明了；得到的情况不明了，决定的基本策略便不周详。要能把形象和类比灵活运用，就一定要会说反话，反复提问而静听。要想听别人讲话，自己反而要先沉默；想要让对方高谈阔论，自己反而要先收敛；想要高大，反而要先处低下；想要获取，反而要先给予。要想打开对方的心扉，就要运用模仿和类比的方法，以便把握对方的言辞。同类的声音可以彼此呼应，合乎实际的道理会有共同的结果。或者由于这个原因，或者由于那个原因；或者用来侍奉君主，或者用来管理下属。这样就能听出对方话中的真假，了解彼此间的异同，从而得出对方透露的是真实情况还是诡诈信息。活动、停止、言说、沉默都要通过这些表现出来，喜怒哀乐也可以从这里见到端倪，都要借助这些模式。这些都是一个人的本性所决定了的法则。通过反向的言辞试探，求得对方的回应，再观察分析他所寄托的内容。所以用这种反向思维的方法，自己要平静，以便听取对方的言辞，考察他所说的事情，论说万物，辨别雄雌。虽然这还不是事情本身，但是可以根据细微的征兆，探索出同类的大事。就像刺探敌情就要深入敌人内部一样，先估计敌人的能力，再摸清敌人的意图。像验合符契一样不会发生失误，像飞龙所指一样不差分毫，像后羿张弓射箭一样准确无误。

## 文化拾遗

### 《史记》(司马迁[①])

《史记·苏秦列传》:“苏秦者[②],东周洛阳人也。东事师于齐,而习之鬼谷先生。”“苏秦兄弟三人,皆游说诸侯以显名,其术长于权变。而苏秦被反间以死,天下共笑之,讳学其术。然世言苏秦多异,异时事有类之者皆附之苏秦。夫苏秦起闾里,连六国从亲,此其智有过人者。吾故列其行事,次其时序,毋令独蒙恶声焉。”

《史记·张仪列传》:“张仪者[③],魏人也。始尝与苏秦俱事鬼谷先生,学术。苏秦自以不及张仪。”张守节《史记正义》:“《艺文志》云:《张子》十篇。在纵横流。”

### [注解]

①司马迁(前145—前87年):西汉左冯翊夏阳(今陕西韩城)人,著名历史学家。代表作《史记》是我国第一部纪传体通史,也是一部优秀的文学著作。

②苏秦(?—前317年):鬼谷子的弟子,战国纵横家的代表人物。他说服山东六国合纵抗秦,曾经佩带六国的相印。《汉书·艺文志》著录《苏子》三十一篇,已经失传。《战国策》记载其言论的篇章比较多。长沙马王堆汉墓所发现的帛书《战国纵横家书》共27章,其中有15章记载了苏秦的言论。

③张仪(?—前309年):鬼谷子弟子,跟苏秦同学。他向秦王献计,破坏六国的合纵,是纵横家中连横派的代表人物。《汉书·艺文志》著录《张子》十篇,已经失传。

## 注释

①鬼神：指使用各种鬼神莫测的变化手段。
②变：指上句“变鬼神”。
③审：周密。
④还：循环往复。
⑤张：张开，引申为促使对方兴奋。敛：收藏、收敛。
⑥开情：这里是说敞开心灵的大门。情，情感、情绪。
⑦象而比之，以牧其辞：用形象、类比的方法，把握对方的言辞。
⑧事：侍奉。
⑨真：真情。伪：诈伪。
⑩情诈：真诚和虚伪。
⑪动作言默与此出入：指言谈动作反映心声。此，这里指上文所说的真情与诈伪的心迹。
⑫式：定式、模式。
⑬先定：本性固有。
⑭反：折反。复：答复、应答。
⑮观其所讬：观察他寄托的内容。讬，寄托。
⑯见微知类：从微小的事情上，观察出同类大事物的变化。微，微小。类，种类。
⑰探：侦察、打听。
⑱射其意：此处指如弓之发矢，准确猜中对方的意图。
⑲符应：验合符契。
⑳螣蛇：意指飞龙。
㉑羿：即后羿，传说中的神箭手。

故知之始己，自知而后知人也。其相知也，若比目之鱼[①]；其见形也，若光之与影。其察言也不失，若磁石之取针，如舌之取燔骨[②]。其与人也微，其见情也疾。如阴与阳，如阳与阴；如圆与方，如方与圆。未见形，圆以道之[③]；既见形，方以事之[④]。进退左右，以是司之[⑤]。己不先定，牧人不正[⑥]，事用不巧，是谓“忘情失道”。己审先定以牧人，策而无形容[⑦]，莫见其门[⑧]，是谓“天神”[⑨]。

◎战国 鎏银满弓带板◎

## 译文 

所以想了解外界事物要从了解自己开始，只有了解了自己然后才能了解别人。人与人相知，就要像比目鱼一样形影相随；及时掌握对方的表现，就像光和影子一样不走样。了解自己的人，他审察别人的言辞就不会发生失误，就像用磁石来吸引钢针，用舌头来剥取骨头上的肉。自己暴露给对方的微乎其微，但能十分迅速地探察到对方的真情。就像由阴变阳、由阳转阴，又像圆变方、方转圆一样自如。在情况还未明朗以前，要用灵活变通的方法处理它；在情况明朗以后，就要方正直率地对付它。无论是向前、还是向后，无论是向左、还是向右，都可用这个方法来控制。如果自己不事先确定策略，统帅别人就不能做到公正，做事就没有技巧，这叫做“忘却真情，失去方法”。自己先周密地确定策略，再以此来统领众人，策略高明而不露痕迹，让旁人看不到其奥妙所在，这就可以称为“天神”。

## 注释 

①比目之鱼：两只眼睛生于身体一侧的鱼，经常是两鱼协同并游。
②燔骨：烧烤的骨头上所带的肉。燔（fán），烧、烤。
③道之：掌握它。
④事之：对付它。
⑤司之：掌管它。
⑥牧人不正：不能公正地驾驭人。
⑦形容：形态，指外在痕迹。
⑧门：门道、奥妙。
⑨天神：此处指神奇莫测。

作为游说之术，“反应”是《鬼谷子》关于获取对方信息的一种方法，是说通过反复观察、了解，准确地掌握对方心理、语言等方面的反应。据此对对方的实情加以探寻，以便紧紧抓住对方，并准确地制定自己相应的策略。

《鬼谷子》主张对事理的考察要经历从今到古、从古到今的过程。回顾过去，以验证现在；了解过去，是为了了解现在。假如事理与当今不太符合，就到古代去寻找根源；假如对立身处世有所疑惑，就从历史中吸取经验教训。并且告诫说：这是“圣人之意也，不可不察”。这正是中国人所崇尚的“以史为鉴，鉴往知来”的道理，人们常说的“前事不忘，后事之师”、“前车之覆，后车之鉴”说的也是这个意思。这种历史感、这种智慧，是今天的人们仍然值得效法的。了解今天必须反观历史，预测未来必须以现实为依据，对世间一切事物都应当如此。

对人的试探，也要经过多次反复的问答，观察他的反应，不断收集对方的信息。《鬼谷子》认为：别人说话是动态的，自己缄默是静态的，主张以静测动。这种投石问路的方法，是掌握对方想法的一种很重要的手段。纵横家的这一招法有它自己的一套原则，主张通过某种活动或言辞，刺激对方开口，再根据对方的话来分析其真意。假如有不清楚的地方或有不合情理的地方，再回来重新探求，从对方的言辞中可以分析其下一步的言行，力争得到对方的实情。这种“反应术”就如打鱼的人多撒开一些网一样，等待鱼的落网。只要方法得当，把引诱之辞作为鱼饵，不愁对手不说出真情来。这就是“钓人之道”。还可以用形象的语言打动对方，投合他的内心想法，激发对方的发言欲望，以了解他的真情，进而控制对方。一个人对此道如果熟谙深察，他就掌握了打开别人心扉的钥匙。

◎战国 铺首◎

《鬼谷子》提出：想要让别人讲话，自己反而要先沉默；想要让对方高谈阔论，自己反而要先收敛；想要高大，反而要先处低下；想要获取，反而要先给予。这就是利用事物相反相成的规律，通过反向的言辞试探，求得对方的回应，从反面入手达到其目的的方法。三国时期，曹操以号称百万的军队图取江东。一天，诸葛亮一见孙权的面就说：你应该尽早投降。孙权说：刘备为什么不投降呢？诸葛亮回答：刘皇叔是皇室皇亲，有勇有谋，天下归心，怎么能北面称臣呢？结果气得孙权拂袖而去，终于下定了联合刘备抗曹的决心。诸葛亮智激孙权抗击曹操，采用的就是从反面促成的方法。《鬼谷子》一书，包含了许多军事原则，将"欲夺先予"等策略运用到军事上，根据不同变化采取不同的措施、手段，就必然会收到奇效，这就难怪很多人把《鬼谷子》视为兵书了。

"虽非其事，见微知类。"强调的是，所谈的内容不一定是当前的事情，但在其他事情的细微征兆中，可以推知这类事情的发展规律。比照类推，可以知道事物的全部轨迹。鬼谷子在本篇中多处提到类比。类比的方法实际上是一种逻辑推理的方法，它是根据事物之间具有相同或相似的属性，从而推出它们的其他属性也可能相同或相似。在交际场合，随机应变地巧妙地运用这种类比的方法，会达到化被动为主动的效果，从而使对方心服口服。

◎晏婴◎

春秋时期，晏婴使楚。一天，楚王设宴欢迎晏婴。楚王故意让人绑了一个齐国人从晏婴面前经过，然后问道："他是干什么的？"楚国的一个官吏答道："他是齐国人，因偷盗被抓。"楚王就对晏婴说："又是齐国人，难道你们齐国人生来爱偷东西吗？"晏婴从容地回答说："橘树长在淮河以南是橘树，生长在淮海以北就是枳树，这是水土不一造成的。齐国人在齐国从不偷盗，一到楚国就成了小偷，莫非是你们楚国的风俗使得人善偷吗？"把楚王说得无言以对。晏婴面对楚王的侮辱，巧妙地使用类比推理的方法，使得楚王不得不折服。

# 内揵第三

“内揵”是《鬼谷子》的第三篇。“内”，特指内心世界。“揵（jiàn）”，与“楗（门栓）”、“键（钥匙）”是同源词，此处是紧密结合的意思。

作为游说之术，“内揵”是《鬼谷子》关于进献说辞的方法。向君主进献说辞并想使说辞得到君主的采纳，就要先拉近与游说对象的关系，然后深入到对方的内心世界，使双方的关系就像门栓和门、钥匙和锁一样紧密结合、亲密无间。做到了这些，就会达到“远而亲”、“遥闻声而相思”的效果。运用“内揵”之术的目的是取得君主的信任。这要掌握分寸，进退有度，其成功与否的关键是“得其情”，即了解到对方的真实情况和真实想法。

君臣上下之事，有远而亲[①]，近而疏[②]；就之不用[③]，去之反求[④]。日进前而不御[⑤]，遥闻声而相思[⑥]。事皆有内揵，素结本始[⑦]。或结以道德，或结以党友，或结以财货，或结以采色[⑧]。用其意，欲入则入，欲出则出；欲亲则亲，欲疏则疏；欲就则就，欲去则去；欲求则求，欲思则思。若蚨母之从其子也[⑨]，出无间[⑩]，入无朕[⑪]，独往独来，莫之能止。

## 译文

君主与臣子上下之间的事情复杂而微妙，有的看似疏远其实情感却很亲近，有的关系看似很近情感却很疏远。有的留任在身边却不重用他，有的离去以后反而被征召。有的每天都能在君主跟前却不被任用，有的只远远地听到名声却被思念。凡是事物内部都有规律，平常的东西都与本源相连结。或者用道德相连结，或者用朋党相连结，或者靠钱物相连结，或者靠美色相连结。要想推行一种主张，就要做到想进来就进来，想出去就出去；想亲近就亲近，想疏远就疏远；想靠近就靠近，想离开就离开；想被聘用就被聘用，想被思念就被思念。就好像母蜘蛛细心保护小蜘蛛一样，出洞时不留间隙，进洞时不留痕迹，独自前往、独自返回，没有谁能制止它。

## 注释

①远而亲：看似疏远，其实很亲密。
②近而疏：看似亲密，其实极为疏远。
③就：靠近、趋近。用：任用、重用。
④去：离开、离去。
⑤日：每天、天天。御：驾驭马车，此引申为使用。
⑥遥闻声：远远地听到声音。
⑦素：平素、平常。结：结交。本始：本源、根本。
⑧采色：美色，引申为美女。采，通“彩”。
⑨蚨（fú）母：就是土蜘蛛，每当其出入巢穴时，都要把穴口加盖以防外敌。
⑩间（jiàn）：间隙、空隙。
⑪朕：征兆。

内者，进说辞也；揵者，揵所谋也。欲说者，务隐度[①]；计事者，务循顺。阴虑可否、明言得失，以御其志[②]，方来应时以合其谋。详思来揵往应时当也，夫内有不合者不可施行也。乃揣切时宜从便所为以求其变，以变求内者若管取揵。言往者，先顺辞也；说来者，以变言也。善变者，审知地势乃通于天，以化四时，使鬼神合于阴阳而牧人民。见其谋事知其志意，事有不合者有所未知也；合而不结者阳亲而阴疏，事有不合者圣人不为谋也。故远而亲者，有阴德也[③]；近而疏者，志不合也。就而不用者，策不得也[④]；去而反求者[⑤]，事中来也。日进前而不御者，施不合也[⑥]；遥闻声而相思者，合于谋待决事也[⑦]。故曰：不见其类而为之者[⑧]，见逆[⑨]；不得其情而说之者[⑩]，见非。得其情，乃制其术[⑪]。此用可出可入，可揵可开。

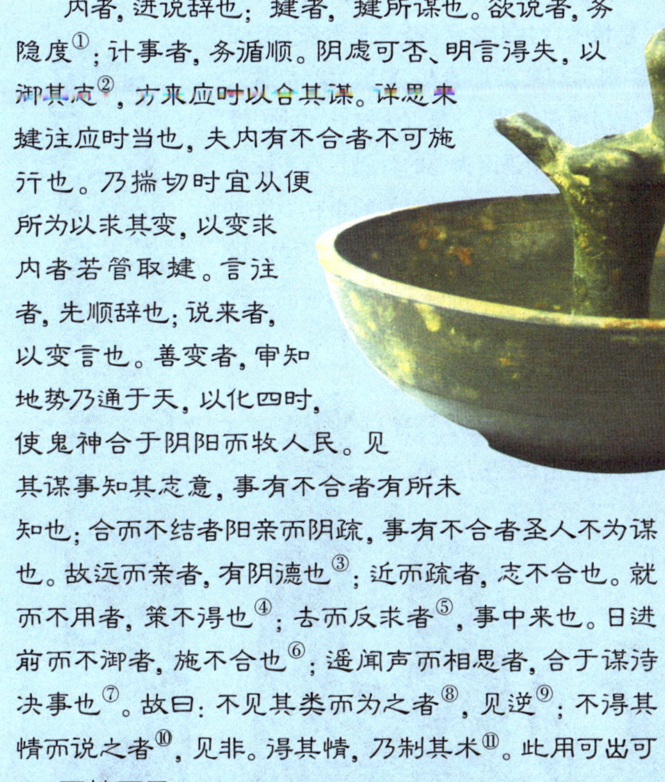

◎战国 陶器◎

## 译文

所谓“内”，就是使进献的说辞能够深入君主内心；所谓“揵”，就是使自己的谋略与君主相合。想要说服他人，务必要先悄悄地揣测；策划事情，一定要沿循顺畅的途径。暗中分析是可是否，透彻辨明所得所失，以便影响君主的意向，以道术来进言当应合时宜，以便与君主的谋划相合。详细地思考后再来进言，以适应形势，凡是内情有不合时宜的就不可以实行。就要揣摩形势从便利处入手、来改变策略，用善于变化来寻求被采纳，就像以门管来接纳门栓一样顺当。凡是谈论过去的事情，要先说顺畅的言辞；凡是谈论未来的事情，要采用容易、变通的言辞。善于变化的，要详细了解地理形势，只有这样才能沟通天道，顺化四时，驱使鬼神，附合阴阳，牧育人民。看见君主谋划的事情就要知晓君主的意图，所办的事情还有不合君主之意的，是因为对君主的意图还有不了解的；看似投合但没有凝结在一起，是因为表面亲近而背地里很疏远，事情不合君主之意，圣人是不会为其谋划的。所以说，与君主相距很远却被亲近的人，是因为能与君主的心意暗合；距离君主很近却被疏远的人，是因为与君主的志趣不契合。在职上任而不被重用的人，是因为他的计策没有实际效果；离开君主反而又被征召的人，是因为他所谋划的事在后来应验了。有的每天都能在君主跟前却不被任用，是因为他的建议措施不合君主之意；距离君主遥远却被思念的人，是因为他的主张正与决策者相合，期待他前来决断大事。所以说，在不知其性情就去游说的人，一定会事与愿违；在不掌握实情的时候就去游说，一定达不到目的。只有了解到真情，才能依据实际制定出相应的谋略。使用这种办法，就可以出去，也可以进来，可以相合，也可以离开。

◎青铜弩机◎

## 注释

①务：务必、一定要。
②御：驾驭、控制。志：心意、意向、志向。
③阴德：心意暗合。
④策：计策、谋略。
⑤去：离开、离去。
⑥施不合：提出的见解不合人意。
⑦合于谋待决事：谋略相合，期待共决大事。
⑧不见其类：不知其性情类别。
⑨见逆：适得其反、与愿望相背反。见，遭遇。
⑩不得其情：不了解对方的真情。
⑪乃：才。制：制定。术：计谋、手段、方法。

故圣人立事①，以此先知而揵万物。由夫道德②、仁义、礼乐、忠信、计谋。先取《诗》、《书》③，混说损益④，议论去就。欲合者用内，欲去者用外⑤。外内者必明道数⑥，揣策来事⑦，见疑决之。策无失计⑧，立功建德。治名入产业⑨，曰揵而内合⑩。上暗不治⑪，下乱不寤⑫，揵而反之⑬。内自得而外不留说⑭，而飞之⑮。若命自来⑯，己迎而御之⑰。若欲去之，因危与之。环转因化⑱，莫知所为，退为大仪⑲。

## 译文

所以圣人立身处世，就是依据此理来预先了解情况，从而跟各种人和事物相互紧密结合。通过道德、仁义、礼乐、忠信、计谋等途径来达到自己的目的。首先采撷《诗经》和《尚书》中的语句，使之跟自己的说法相同，再分析事情的利弊得失，最后讨论自己是就任还是离职。想要与人合作，就使用内心计谋；要想离开现职，就使用外露的方法。无论是积极进取还是消极退避，都必须明白道理和方法，这样才可以预测未来要发

◎战国 原始青瓷弦纹盂◎

生的事情，遇到疑难时迅速抉择。只要策略上没有失误，就可以建立功业，树立德政。辨察名分，确立君臣秩序；入赋税之业，使国家富强。这就是固守心计而达到内心目标。如果国君昏庸不理国家政务，百姓叛乱而不能辨明事理，就反其道而行之，坚持自己的意志，绝不同流合污。如果君主自以为圣明，不接受贤者的主张，就放出赞扬的话语让对方上钩。如果君主有命令来征召，自己就要迎接诏命，以施行自己的主张。如果想要离开君主，是因为忧惧与他交往。就像圆环旋转往复一样，没有谁了解你想要干什么，适时退隐才是上策。

◎战国 陶鼎◎

## 注释

①立事：建立事业、建立功业。
②由：通过。夫：助词。
③《诗》：《诗经》。《书》：《尚书》。
④损：有害之处。益：有益之处。
⑤欲合者用内，欲去者用外：指根据想法来运用力量。“用内”为进取办法，可使情合；“用外”为消极办法，可使情离。
⑥明道数：明白道理、方法。
⑦揣策来事：推断将来的事情。
⑧策无失计：策略上没有失误。
⑨治名：辨察名分，确立君臣秩序。产业：工商等业。
⑩揵而内合：固守心计而达到内心的目标。
⑪上暗不治：是说君主昏庸，不能推行善政。暗，昏暗。
⑫下乱不寤：百姓叛乱而不能辨明事理。寤，通“悟”。
⑬揵而反之：固守本心而反其道行之。意指不同流合污。
⑭内自得：君主自以为圣明。外不留说：不接受贤者的主张，不采纳贤者的进言。
⑮飞之：褒奖的意思。飞，表扬。
⑯命：诏令。自来：指君主有令诏来。
⑰迎：迎接，指接受诏命。御：用。
⑱因化：因循变化。
⑲大仪：大法、大原则。

## 文化拾遗

### 《说苑·善说》(刘向①)

孙卿②曰:“夫谈说之术,齐庄以立之,端诚以处之,坚强以持之,譬称以喻之,分别以明之,欢欣愤满以送之,宝之,珍之,贵之,神之。如是,则说常无不行矣。……”鬼谷子曰:“人之不善而能矫之者,难矣!说之不行、言之不从者,其辨之不明也;既明而不行者,持之不固也;既固而不行者,未中其心之所善也。辨之,明之,持之,固之,又中其人之所善;其言神而珍,白而分,能入于人之心,如此而说不行者,天下未尝闻也。此之谓善说。”子贡③曰:“出言陈辞,身之得失,国之安危也。”《诗》④云:“辞之绎矣,民之莫矣。”夫辞者人之所以通也。主父偃曰:“人而无辞,安所用之?”昔子产修其辞而赵武致敬,王孙满明其言而楚庄以惭,苏秦行其说而六国以安,蒯通陈其说而身得以全。夫辞者,乃所以尊君、重身、安国、全性者也。故辞不可不修,而说不可不善。

《九叹·思古》:“凌警雷以轶骇电兮,缀鬼谷于北辰。”

### [注解]

①刘向(前79—前8年),西汉著名学者、文学家、目录学家。有《说苑》、《新序》、《列女传》、《洪范五行传》等著作。他在皇家图书馆点校各类书籍近二十年,最后撰写我国最早的目录学著作《别录》,成为其子刘歆《七略》与班固《汉书·艺文志》所本。

②孙卿:即战国大思想家荀子(约前298—前238年)。

③子贡(前520—?年),孔子学生,姓端木,名赐。善于外交辞令。

④《诗》:《诗经》。这两句诗出自《大雅·板》。

## 智慧·谋略

作为游说之术，“内揵”是《鬼谷子》关于进献说辞的方法。向君主进献说辞并想使说辞得到君主的采纳，就要先拉近与游说对象的关系，其成功与否的关键是“得其情”，使双方的关系就像钥匙和锁一样顺合。

《鬼谷子》指出，古代君臣的关系是很微妙的，也是很难处理的。有的看似关系疏远其实思想上却很亲密，有的关系看似很近其实感情却很疏远；有的人被留任在身边却不重用他，有的人离去以后反而被征召任用。可见，臣子怎样处理好与君主的关系、进退有度，确实是一门大学问。《鬼谷子》认为，与君主相距很远却被亲近的人，是因为能与君主的心意暗合；距离君主很近感情却被疏远的人，是因为与君主的志趣不契合。在职上任而不被重用的人，是因为他的计策没有实际效果；离开君主反而又被征召的人，是因为所谋划的事在后来应验了。距离君主遥远却被思念的人，是因为其主张正与决策者相合，期待他来决断大事。要拉近与君主的关系，“或结以道德，或结以党友，或结以财货，或结以采色”。而关键是要使自己的道德与游说对象暗合，使自己的志向与被游说者一致。

《鬼谷子》指出，所谓“内”，就是使进献的说辞能够深入君主内心；所谓“揵”，就是使自己的谋略与君主相合。想要说服他人，务必要先悄悄地揣测，暗中分析是可是否，透彻辨明所得所失，详细地思考后再来进言，以便影响君主的意向。《鬼谷子》强调，一定要懂得对方的心理。不了解对方性情就去游说的人，一定达不到目的。只有了解到真情，才能依据实际制定出相应的游说谋略。做到了这一点就会“若管取揵”一样顺当。

战国时，赵国的国君赵惠文王去世后，孝成王即位，因年幼，由赵太后临时管理国政。第二年，秦国派兵大举进攻赵国，形势很危急。赵国派人去向齐国求救，但齐国说："必须让赵太后的幼子长安君到我国来当人质，我们才能出兵。"赵太后心疼自己的这个小儿子，不想答应这个条件。赵国的大臣们纷纷劝谏，赵太后就是不听，她还明确地说："如果还有谁再来劝谏，我就朝他的脸上吐唾沫。"这样一来，就没有谁敢再去劝说了。左师触龙看到国情危急，表示要去见见赵太后，赵太后怒气冲冲地等着触龙。触龙故意慢步来到赵太后面前，也不提让长安君去齐国当人质的事，而是谈了一些老年人之间的闲话，这使赵太后的怒气消了些。接着，触龙谈到了自己的儿子舒祺，想给儿子谋个宫廷卫士的差事，赵太后痛快地答应了。触龙以此为契机，进一步接触正题，谈起了长辈如何爱护子女的问题。这时赵太后的气已经消了，对触龙说的道理也听得入耳了。触龙说："父母疼爱子女，就要为他们考虑得长远一些。让长安君现在为赵国建立功勋，以后才能在赵国站住脚。"赵太后被触龙说服了，同意派长安君到齐国去做人质。长安君到了齐国，齐国果然出兵，解除了赵国的危机。触龙抓住了赵太后疼爱子女的心理，自己的话语又很有分寸，十分得体，循序渐进，逐步进入主题，以情动人，以理服人，取得了游说赵太后的成功。

"内揵"关于君臣关系的论述，对于处理今天的人际关系也有可资借鉴之处。人们见面时的第一印象往往是情感化的，会根据对方的风度、姿态、表情、言语将人分类，作出判断并引起相应的情绪体验。此后，经过你来我往的不断接触，就会逐渐了解这个人，掌握这个人的性情。在上下级关系中，让领导接受你的意见；共同处事，先要寻求见解一致；交往中，使对方接受你的意图。这些，都要了解对方的心理，巧妙运用游说的方法，选择恰当的言辞，才能进退有度，取得预期的目的。适当的妥协，或存异求同，以退为进，在当今的人际交往中也是必要的。

## 文化拾遗

### 《论衡》(王充[①])

问曰："佞人直以高才洪知考正世人乎？将有师学检也？"

曰：佞人自有知以诈人，及其说人主，须术以动上。犹上人自有勇威人，及其战斗，须兵法以进众。术则从横，师则鬼谷也。传曰：苏秦、张仪从横习之鬼谷先生。[鬼谷先生]掘地为坑，曰："下，说令我泣出，则耐[②]分人君之地。"苏秦下，说鬼谷先生泣下沾襟。张仪不若。苏秦相赵，并相六国。张仪贫贱，往归苏秦。座之堂下，食以仆妾之食，数让激怒，欲令相秦。仪忿恨，遂西入秦。苏秦使人厚送。其后觉之，曰："此在其术中，吾不知也。此吾所不及苏君者。"(《答佞》)

雍门子悲哭，孟尝君为之流涕；苏秦、张仪悲说坑中，鬼谷先生泣下沾襟。或者倘可为雍门之声，出苏、张之说，以感天乎？(《明雩》)

### [注解]

①王充(27—100年)，东汉时期大思想家，代表作《论衡》。

②耐：通"能"，能够。

# 抵巇第四

“抵巇”是《鬼谷子》的第四篇。“抵”，意为“触”、“接触”，引申为“处理”、“弥合”等。“巇（xī）”，意为“缝隙”、“裂痕”。“抵巇”就是针对社会所出现的裂痕（即各种矛盾与问题）而采取不同的处理手段：或加以补救，使其恢复原有状态；或因势利导，建立新的秩序。最终是要达到自己的目的。

“抵巇”是《鬼谷子》关于弥补裂痕的一种方法，也是处事的原则和态度。任何事物都会出现裂痕，小的裂痕会酿成大的裂缝。而裂痕的出现是有征兆的，因此要防微杜渐、防患于未然，在矛盾和问题处于萌芽状态时就要及时加以解决。

物有自然[①]，事有合离[②]。有近而不可见，有远而可知。近而不可见者，不察其辞也；远而可知者，反往以验来也[③]。

## 译文

世间万物都有它们自然发展的规律，各种事情都有它们聚合分离的法则。有的距离很近却看不见，有的距离很远却能知其然；距离近的之所以看不见，是因为不能明察对方的言辞；距离远的之所以能了解，是因为能够考察、借鉴过去从而预测、验证将来。

## 注释

①物：天地间的一切事物。自然：非人所为的、天然的。
②合离：聚合与分离。
③往：既往、过去。来：将来。

巇者，罅也[①]；罅者，涧也[②]；涧者，成大隙也。巇始有朕[③]，可抵而塞[④]，可抵而却[⑤]，可抵而息[⑥]，可抵而匿[⑦]，可抵而得[⑧]，此谓抵巇之理也。

## 译文

所谓“巇”，就是“罅”，也就是小裂缝；小裂缝会由小变大，不及时堵塞，就会像山沟那样发展成大裂缝。裂缝开始发生时是有征兆的，可以用抵的方法堵塞，可以用抵的方法而使之退却，可以用抵的方法而使之停止，可以用抵的方法而使之消失，可以用抵的方法获得成功，这就是抵巇的原理。

◎青铜甑◎

## 注释

①罅(xià):小裂缝、小裂痕。
②涧:两山间的水沟。
③朕:征兆、迹象。
④塞:堵塞。
⑤却:退。
⑥息:止息、停止。
⑦匿:躲藏,隐藏。
⑧得:获得、成功。

事之危也[1],圣人知之。独保其身,因化说事[2],通达计谋,以识细微。经起秋毫之末[3],挥之于太山之本[4]。其施外[5],兆萌牙蘖之谋[6],皆由抵巇。抵巇之隙,为道术用。

## 译文

事物出现危险征兆时,圣人便可以觉察出来。而且能独自发挥应有的作用,顺应事物的发展变化来分析事物,通过各种谋略,以便认识事物的细微之处。万物在开始时都像秋毫之末一样微小,最终可能动摇泰山的基础。当圣人把他的计谋用于处理外界情况时,不管征兆如何细微,都可以运用"抵巇"之术。堵塞裂缝的道理,可以作为治世的方法来使用。

## 注释

①事之危:事物仅有危险征兆的时候。
②因化:顺应变化。
③经起:经过、起始于。秋毫之末:指秋季动物所生出的细毛,比喻事物微末。
④挥之:动摇、推到。太山:即泰山,五岳之一,是宏伟壮丽的名山。本:根本,基础。
⑤施:实行、实施。
⑥兆萌牙蘖:比喻正酝酿而未显露的事情。兆萌,萌芽征兆、微小的征兆。芽蘖,伐木后从根部所生的新芽。

天下分错①，上无明主，公侯无道德，则小人谗贼②，贤人不用，圣人窜匿③，贪利诈伪者作④，君臣相惑⑤，土崩瓦解⑥，而相伐射⑦，父子离散⑧，乖乱反目⑨，是谓萌牙巇罅。

## 译文

天下分崩混乱，朝廷没有贤明的君主，公侯大臣没有社会道德，那么小人就会进谗言、残害好人，贤能的人不被任用，圣智的人逃跑躲藏起来，贪图利禄、奸诈虚伪的人飞黄腾达，君主和臣子之间互相猜疑，国家纲纪土崩瓦解，以致互相残杀攻击，父子关系失去礼仪，夫妻不和谐、反目成仇，这就是萌生了裂痕。

## 注释

①分错：四分五裂。错，混乱、骚乱。
②谗：指进谗言。贼：害、伤害。
③窜匿：逃跑隐匿。
④贪利：贪图利禄。作：兴起。
⑤惑：疑惑。
⑥土崩瓦解：分崩离析、四分五裂，比喻溃败得不可收拾。
⑦伐射：互杀互射，互相残杀。
⑧离散：此处作“分裂”解。
⑨乖：不和谐、不协调。

圣人见萌牙巇罅，则抵之以法①。世可以治，则抵而塞之；不可治，则抵而得之②。或抵如此，或抵如彼；或抵反之③，或抵覆之④。五帝之政⑤，抵而塞之；三王之事⑥，抵而得之。诸侯相抵⑦，不可胜数⑧。当此之时，能抵为右⑨。

## 译文

当圣人看到轻微的裂痕之后，就要采取相应的手段去补救、弥合它。当世道能够治理时，就要采取措施堵塞裂痕；当世道不可治理时，就采取措施用新的秩序来取代它。或者这样救治，或者那样救治；或者通过救治使它返回到原来的状态，或者通过救治使它翻转覆灭。五帝时代的政治，相互禅让，发现裂痕便及时堵塞；夏、商、周建立新王朝，除掉原来的暴政，取得天下，建立新的秩序。到了春秋、战国时期，诸侯之间的互相征伐，其次数之多已无法统计。在这样的时代，能善于采取抵巇措施的人便是值得推崇的人。

## 注释

①抵之以法：以法抵之。
②谞：获得。
③反：同“返”，返回、恢复。
④覆：颠覆。
⑤五帝：传说中的我国上古五位帝王，有三种说法：一为黄帝、颛顼、帝喾、唐尧、虞舜；二为太皞（伏羲）、炎帝（神农）、黄帝、少皞、颛顼。三为少昊（皞）、颛顼、高辛（帝喾）、唐尧、虞舜。
⑥三王：我国古代的三位帝王，也就是夏禹王、商汤王、周文王。
⑦诸侯相抵：指春秋、战国时期诸侯间的相互抵制和对抗。
⑧胜（shēng）：尽。
⑨右：上位。古时尚右。

自天地之合离终始，必有巇隙，不可不察也。察之以捭阖①，能用此道，圣人也。圣人者，天地之使也②。世无可抵③，则深隐而待时；时有可抵④，则为之谋。可以上合⑤，可以检下⑥。能因能循⑦，为天地守神⑧。

## 译文

自从天地有离合变化以来，万事万物就必然存在着裂痕，对此不能不认真考察。要用“捭阖之术”考察这些问题，能善于运用“捭阖之术”来研究、处理问题的人，就是圣人。所谓圣人，就是体现天地自然之道的使者。假如世间没有可“抵”之事，就深深地隐藏起来等待时机；假如世间有可“抵”之事，就挺身而出为国家谋划弥合的措施。对上可以跟君主合作，对下可以治理百姓。既有所依据又有所遵循，这样就成了天地的守护神。

## 注释

①察之以捭阖：以捭阖察之。
②天地之使：天地的代行者。使，使者。
③世无可抵：指世道太平，没有出现裂痕。
④时有可抵：指世道衰微，出现裂痕。
⑤上合：合于君主。
⑥检下：治理百姓。检，约束。
⑦因：依据、根据。循：沿袭、遵循。
⑧守神：守护神。

◎云梦山山门◎

## 智慧·谋略

“抵巇”是《鬼谷子》关于弥补裂痕的一种方法。《鬼谷子》认为任何事物都会出现裂痕，小的裂痕会酿成大的裂缝，因此要在矛盾和问题处于萌芽状态时就要及时加以解决。

《鬼谷子》指出：“物有自然，事有合离。”也就是说世间万物都在变化之中，它们遵循着自然发展的规律，都有它们聚合分离的法则。这是“抵巇”篇中所论的基本观点。《鬼谷子》认为，世间万物都会有“巇”存在。而“巇”者，一般说来可视为裂痕、漏洞，也指需要解决的矛盾或问题。解决“巇”的办法，就是“抵”，“抵”就是为防止和消灭裂痕而采取的措施。“可抵而塞，可抵而却，可抵而息，可抵而匿，可抵而得”，裂痕会由小变大，“经起秋毫之末，挥之于太山之本。”因此，在裂痕刚出现时就要加以解决。天下纷乱之时，朝廷无明主、公侯乏道德、小人猖狂、忠良放逐、圣人隐居、上下猜疑、纲纪瓦解、百姓相残、父子离散、夫妻反目，这些都是裂痕。

《鬼谷子》认为堵塞裂痕的道理，可以作为治世的方法来使用。治理的方法有两种：当世道能够治理时，就要采取措施堵塞裂缝，通过救治使它返回到原来的状态，这是弥补；当世道不可治理时，就采取措施用新的秩序来取代它，这是征服。五帝时代的政治，相互禅让，发现裂缝便及时堵塞；夏、商、周建立新王朝，除掉原来的暴政，取得天下，建立新的秩序。弥补的结果是恢复原样，征服就是加以改造重新获得。五帝时代可以用弥补的方法，三王时代只能用征服的办法。

◎元 青花鬼谷子下山◎

王导任东晋丞相时，国库空虚，资金短缺。甚至严重到国库里存放的物资只有几千匹粗布，还卖不出去的程度。而达官显贵们又将西晋的奢侈恶习传了进来，影响了民风。王导对此深感忧虑，于

是他带头不用华丽服饰，而穿粗布单衣。王导当时声望高、影响大，达官显贵们看到丞相穿粗布单衣，就跟着用粗布做衣裳。其他人一看，也纷纷效仿。结果，粗布的价钱一下子涨了许多，国库里的几千匹粗布很快就卖光了，从而缓解了当时的财政困难。善于理财的王导，利用了人们趋时尚、赶潮流的心理，采取谋术，不仅将国库中库存的粗布很快销售一空，缓解了国家的财政困难，而且扭转了东晋的民风。

安史之乱以后，唐代藩镇势力逐步发展。将强了，就要背叛朝廷；兵强了，就要驱杀将帅。李万荣任宣武军节度使，镇守开封，其子李乃任兵马使。李乃趁其父生病卧床之机，准备叛乱夺权，结果被另一位将军邓惟恭抓了起来，扭送京师。野心勃勃的邓惟恭临时掌握大权后，自以为朝廷会正式任命他为节度使，忽然传来消息，朝廷已经派东都（今河南洛阳）留守董晋为宣武军节度使了。邓惟恭大失所望，没有派人去洛阳接董晋。董晋上任时，随身只带了十几个仆人，一个卫兵也没有。董晋走到郑州，有人劝他说："不如留在这里，看看开封那边有什么动静再说。"从开封来的人也劝董晋不要进去。董晋一概不听，继续赶路。邓惟恭没想到董晋这么快就来了，来不及想出对策便匆忙带领各位将领出城迎接。董晋进城后，将军政大事仍然交给邓惟恭处理。过了一段时间，邓惟恭心里越来越感到不安，暗地里策划作乱。事情败露后，董晋将邓惟恭的同党全部逮捕处斩，而把邓惟恭捆送京师。董晋深入叛乱之地，身处危险的处境，从容稳妥地平息了事件，显示出他的大智大勇。

《鬼谷子》强调："自天地之合离终始，必有巇隙，不可不察也。"《鬼谷子》认为，解决问题的原则是审时度势。假如世间没有可"抵"之事，就深深地隐藏起来等待时机；假如世间有可"抵"之事，就挺身而出为国家谋划弥合的措施。这样，对上可以跟君主合作，对下可以治理百姓。矛盾是客观的，解决矛盾的方法必须是抓住时机，使之迎刃而解。

问题处于萌芽状态，往往不被人们所察觉。等到问题变大了、严重了，才引起人们的注意。到这时才去弥补、去消除，往往为时已晚。在这点上，我们应该学习圣人："圣人见萌牙巇罅，则抵之以法。"所以，《鬼谷子》提出的防微杜渐、防患于未然的策略，是解决问题、化解矛盾的好办法，值得人们汲取。

◎八卦城◎

# 卷中

# 飞箝第五

“飞箝”是《鬼谷子》的第五篇。“飞”，意为“扬”，即褒扬、激励。“箝（qián）”，意为“夹住”。“飞箝”篇的主旨是强调研究对方的性情，了解对方的心理，运用各种手段套引对方的实情，然后将对方牢牢控制。

作为游说之术，“飞箝”是《鬼谷子》关于控制对方的方法。控制对方的手段，“飞箝”篇主要谈了两种：一是“钩”，就是用各种办法钩出对方的真实想法，然后加以控制。二是“飞”，就是用恭维、赞扬的话先给对方以肯定和推崇，让对方先讲话，诱使对方上钩，从而把握对方的真实意图并控制对方。

◎镂空兽纹短剑◎

凡度权量能[①]，所以征远来近[②]。立势而制事[③]，必先察同异，别是非之语，见内外之辞[④]，知有无之数[⑤]，决安危之计[⑥]，定亲疏之事[⑦]，然后乃权量之[⑧]。其有隐括[⑨]，乃可征，乃可求[⑩]，乃可用。

## 译文

一般揣度人的智谋、考量人的才干，目的是为了征召远近的人才。要立稳权势，使事情获得成功，就一定要先观察人们相同和不同之处，辨别议论的是与非，了解言辞所透露的表面浮相和内在真相，知晓有余或不足的程度，决定事关安危的计谋，确定与谁亲近和与谁疏远，然后再权衡度量这样做的利弊得失。如果他具有矫时救弊的能力，就可以征召他，就可以寻求他，就可以重用他。

## 注释

①凡：大概、大略。度：度量、权衡。权：人的智谋。能：能力。
②征：征召、征聘。远、近：远方、近处，这里指远、近有才能之人。来：使之来。
③立势：立稳权势。制事：把事情导向成功。
④内、外：内是实情，外是表面。
⑤数：数量，此指程度。
⑥决：决定、确定。
⑦亲疏之事：有关亲近或疏远的事情。
⑧权量：权衡度量、计量长短。
⑨隐括：矫正竹木弯曲之处的器具。
⑩求：寻找、寻求。

引钩箝之辞[①]，飞而箝之。钩箝之语，其说辞也，乍同乍异[②]。其不可善者[③]，或先征之[④]，而后重累[⑤]；或先重以累[⑥]，而后毁之[⑦]；或以重累为毁，或以毁为重累。其用[⑧]，或称财货[⑨]、琦玮[⑩]、珠玉、璧帛[⑪]、采色以事之[⑫]，或量能立势以钩之[⑬]，或伺候见涧而箝之[⑭]。其事用抵巇。

## 译文

运用引诱钳制人的语言使对方说出真情，然后通过赞扬来控制他。这种为引诱控制而说的话语，作为一种游说辞令，对于对方的言论要有时表示同意，有时表示反对。对于那些运用钩钳之法也没法控制的对手，有时可以先征召他，然后再对他们的才能进行反复的检验；或者先对他们的才能进行反复的检验，然后再就其短处指摘他；或者在反复的检验中指摘对方，或者把指摘对方作为反复的检验。对于准备重用的人，可先赏赐财物、珍宝、美玉、丝绸和美女，以此试探他是否廉洁；或者为了量才而用、巩固权势，用语言来套引他；或者通过等候、发现漏洞再来控制他。这些方法的具体实施都要运用“抵巇之术”。

◎传说中鬼谷子给弟子讲学的讲经洞◎

## 注释

①钩：弯曲金属所做的钩针，比喻引诱他人的言论。
②乍：忽、忽然。
③不可善者：即使运用飞钳之法也不能改变的人或事物。
④征：征召。
⑤重累：重叠，指反复地试探。
⑥以：陶弘景注："案以字疑衍。"
⑦毁：损害、破坏、毁坏，此指指摘。
⑧其用：指准备重用的人。
⑨称：举、举起，此为赏赐、送。财货：财物。
⑩琦玮：珍贵的宝玉。
⑪帛：丝绸、丝织品。
⑫采色：美女。采，通"彩"。事之：对待他。
⑬量能：考察才能。立势：巩固权势。
⑭伺候：等候、守候。

将欲用之于天下，必度权量能，见天时之盛衰，制地形之广狭[1]，岨崄之难易[2]，人民货财之多少，诸侯之交孰亲孰疏、孰爱孰憎。心意之虑怀[3]，审其意[4]，知其所好恶[5]，乃就说其所重[6]。以飞箝之辞钩其所好[7]，乃以箝求之[8]。

◎青铜小箭头◎

## 译文

要把"飞钳"之术向天下推行，必须考量人的权谋和才干，观察天地的兴盛与衰落，掌握地形的宽广与狭窄、山川险阻的险峻与平坦，以及人民所拥有财富的多与少，诸侯间交往中谁与谁亲密、谁与谁疏远、谁与谁友好、谁与谁相恶。心中有怎样的谋划与心情，仔细探究他们的愿望和想法，了解他们的好恶，然后针对对方所重视的问题进行游说。先用赞扬的言辞诱出对方爱好之所在，再用"钳"的方法控制住对方。

## 注释

①制：控制，引申为掌握、了解。
②岨（jū）崄：山川险阻。岨：通“砠”，覆盖有薄土的石山。崄：同“险”。
③虑：谋划。怀：心情。
④审：详察、细究。
⑤好（hào）：爱好、喜好。恶（wù）：不喜欢、讨厌。
⑥说其所重：游说其所重视的问题。
⑦钩其所好：钓引出他的喜好。
⑧求：要求。

用之于人，则量智能[①]、权材力[②]、料气势[③]，为之枢机[④]，以迎之、随之，以箝和之[⑤]，以意宜之[⑥]，此飞箝之缀也[⑦]。用之于人，则空往而实来[⑧]，缀而不失，以究其辞。可箝而从[⑨]，可箝而横；可引而东[⑩]，可引而西，可引而南，可引而北；可引而反[⑪]，可引而覆。虽覆能复[⑫]，不失其度。

## 译文

如果把“飞钳”之术用于他人，就要揣摩对方的智慧和才能，度量对方的实力，估计对方的势气，为之设下控制机关，以便来迎合对方或顺从对方，进而用“飞钳”之术达到与对方和谐，用友善的态度让对方满意，这就是“飞钳”之术的妙用。如果把“飞钳”之术用于人和人的关系，放出空泛的赞扬之辞，套引对方从而得到真实情况，然后紧跟不放，以便继续研究对方的言辞。这样就可以控制对方实现合纵，也可以控制对方实现连横；可以诱导对方向东，也可以诱导对方向西；可以诱导对方向南，也可以诱导对方向北；可以诱导对方返还，也可以诱导对方复去。即使失败也能恢复主动，不会失去控制手段。

## 注释

①智能：智慧和才能。
②材力：指才干。材，同"才"。
③气势：气概和声势。
④枢机：转动门户的轴叫枢，启动发射的装置叫机，为事物的关键。
⑤和：和谐、协调。
⑥宜：适宜、适合。
⑦缀：连缀、联结。
⑧空注：仅仅用空泛的语言赞美、歌颂。实来：使对方打开心扉，从而得到真实情况。
⑨从（zòng）：通"纵"。
⑩引：诱、引诱。
⑪反：同"返"，返回。
⑫覆：败、失败。复：恢复。

## 智慧·谋略

作为游说之术，"飞箝"是《鬼谷子》关于控制对方的方法。即运用各种手段套引对方的实情，然后将对方牢牢控制。

语言交往是人类交流的重要方面。语言运用得当，可以起到吸引人、感染人、控制人的作用。语言交往一般分为四种类型：和谐型、感情型、理智型、控制型。《鬼谷子》所阐释的就是控制型的语言交往。控制型语言交往是基于支配别人的设想，它不是运用权力，而是运用语言权术和技巧，以达到控制别人的目的。

运用语言控制对方的手段，"飞箝"篇主要谈了两种：一是"钩"，就是用各种办法诱出对方的真实想法，然后加以控制。可先诱导对方发言，将需要对方说的话诱导出来以后，马上加以推崇，以推崇的手段抓住对方，不让他收回。要想诱导对手顺着自己的思路说话，在诱导时就要忽同忽异，给对手以假象，让他摸不着头脑，最后落入圈套。二是“飞”，就是尽量赞扬别人，用恭维、赞扬的话先给对方以肯定和推崇，让对方先讲话，引起对方的发言兴趣，诱使对方上钩，从而把握对方的真实意图并控制对方。运用诱导的言辞使对方吐出真情，无形中就控制了他。这种为引诱控制对方而说的话，对于对方的言论要有时表示同意，有时表示反对，应使用最能打动对方心理的语言。

苏秦是鬼谷子的学生，《史记》的《苏秦列传》曾说他跟随鬼谷先生学习。作为当时叱咤风云的纵横家，苏秦把“飞钳”之术运用到了极致。苏秦为了使齐国归还燕国的城池，他在齐宣王面前“俯首以庆，仰首以吊”，既道喜又吊丧，弄得齐宣王莫名其妙。苏秦解释说：“道喜是因为你又夺得燕国城池，吊丧是因为从此燕国与秦国结盟，一起攻打齐国，齐国的命脉断矣！”一席

◎箭头◎

话，使得齐宣王主动归还了燕国的城池。还有一次，苏秦面对犹豫不决、想投降秦国的韩王，使用了“宁为鸡头，不为牛尾”的游说方针，指出：“你如果投降秦国，秦国自然要你献城。韩地有限，秦王的欲望无穷，迟早还是要起战火。”韩王听苏秦如此一说，坚决表示“死也不降秦”。《三国演义》中描写诸葛亮舌战群儒，东吴有一个人问道：“孔明想效法苏秦、张仪之利舌，来游说东吴？”诸葛亮严辞答道：“苏秦、张仪都是人中豪杰：苏秦佩六国相印，张仪两次出任秦相，皆有匡扶天下的谋略，非畏强凌弱、惧刀避剑的人可比。而你们一听曹军要到，便畏惧请降，还敢耻笑苏秦、张仪？”诸葛亮如此凌厉的语言，终于使得存心刁难的江东群儒由衷叹服。“诸葛亮舌战群儒”是一段为人称道的经典案例，是飞箝之术的成功运用，其语言运用不下苏秦、张仪。语言的魅力之一在于出奇，出奇可以震惊对方。苏秦、诸葛亮等人十分重视奇言妙语的运用，因此，他们得以纵横捭阖、建功立业。

《鬼谷子》认为，飞箝之术可以运用于分析各国形势，也可以用于人与人之间的关系。要把“飞钳”之术向天下推行，必须考量人的权谋和才干，了解天时，掌握地势，估量人民所拥有的财力，分析各国之间的关系。仔细探究他们的愿望和想法，了解他们的好恶，然后针对对方所重视的问题进行游说，诱出其心里的想法，用飞钳的办法去控制对手。如果把“飞钳”之术用于人，就要揣摩对方的智慧和才能，度量对方的实力，估计对方的势气，为之设下控制机关，以便来迎合对方或顺从对方，进而用“飞钳”之术达到与对方和谐，用友善的态度让对方满意，这就是“飞钳”之术的妙用。

作为行为，“飞钳”之术是让人发言的术法，说服人的术法，按照自己的意图牵着人走的术法。在现实社会中，在人与人的交往上，掌握和运用“飞钳”之术仍有着重要的实际应用价值。

# 忤合第六

“忤合”是《鬼谷子》的第六篇。“忤（wǔ）”，意为“背逆”、“违背”。“合”的含义是“符合”、“适合”。“忤”与“合”是趋向相反的对立面。“忤合”，也相当于“去就”、“离合”、“背向”。

“忤合”是《鬼谷子》关于对立与顺合的方法，也是讨论如何选择君主以从政的问题。“忤”的结果就是“悖反”，即彼此思想不合而背离。选择计谋相合的君主，使彼此亲密无间，就是“趋合”。“趋合”与“悖反”的现象是普遍存在的，有时又互相转化。因此，要掌握其转化的规律，在透彻了解自己和准确估量环境的条件下，自如地运用“忤合”之道。能如此，大者可以协四海、包诸侯，小者可以用之于人与人的交往。

凡趋合倍反[①]，计有适合。化转环属[②]，各有形势[③]。反覆相求[④]，因事为制[⑤]。是以圣人居天地之间，立身、御世[⑥]、施教[⑦]、扬声、明名也[⑧]，必因事物之会[⑨]，观天时之宜[⑩]，因知所多所少，以此先知之，与之转化。

## 译文

一般来说，无论意见相合或意见相反，都有恰当合适的计策。事物的变化和运转，就像圆环一样连接起来而没有缝隙，各自形成不同的态势。因此，要不断地从正反两面仔细研究，根据实际情况确定处理办法。所以，圣人生活在人世间，立身、治世、施行教化、显扬名声、阐明名分，一定会根据事物变化的际会，观察天时的适宜情况，据此得知哪些方面有余，哪些方面不足，由此首先预知到社会的情况，根据天时、地利、人心等情况而随之采取相应的对策。

## 注释

①凡：大概、大略。趋合：趋向合一、趋同，相当于“合”。倍反：背逆、背反，相当于“忤”。倍，通“背”。

②化：变化。转：运转、转移。环属：像圆环一般连接起来而没有缝隙。环，圆环。属（zhǔ），连接、接着。

③形势：事物发展变化的态势。

④求：探索、探求。

⑤因：依据、根据。事：指实际情况。制：法则、法度。

⑥御世：治世。御，治理、管理。

⑦施教：施行教化。

⑧明名：阐明名分。名，名分，即封建社会的尊卑等级观念。

⑨会：时机、机会。

⑩天时：人心向背等情况。宜：适当的时机。

世无常贵[1]，事无常师[2]。圣人无常与[3]，无不与；无所听，无不听。成于事而合于计谋[4]，与之为主[5]。合于彼而离于此，计谋不两忠[6]，必有反忤[7]。反于是[8]，忤于彼；忤于此，反于彼。其术也，用之于天下，必量天下而与之[9]；用之于国，必量国而与之；用之于家，必量家而与之；用之于身，必量身材能气势而与之[10]。大小进退，其用一也[11]。必先谋虑计定[12]，而后行之以飞箝之术[13]。

## 译文

世间没有永久的高贵，做事情也没有可以永远仿效的榜样。圣人没有永远的参与，但对于善的一定要参与，所以说圣人无所不参与；圣人不听无稽之言，但其他的言论都听，所以说圣人无所不听。估计哪位君主能成就大业，又与自己预定的计谋相符合，就选择他作为自己的君主。与那一方相契合就要与这一方相背离，因此任何计谋都不可能对彼、此双方都忠实，必然会有冒犯某一方的情况。合乎这一方的意愿，就要违背那一方的意愿；违背那一方的意愿，才可能合乎这一方的意愿。实行这种“忤合”之术，如果把它运用于天下，一定要衡量天下的实际来运用它；如果把这种“忤合”之术用于诸侯国，一定要衡量诸侯国的实际来运用它；如果把这种“忤合”之术运用于大夫的封地，一定要衡量这一封地的实际来运用它；如果把这种“忤合”之术用于个人，一定要衡量这个人的才能气势的实际来运用它。总之，运用“忤合”之术的范围或大或小、或进或退，其功用是相同的。所做之事一定要预先深思熟虑、确定计谋，然后用“飞箝”之术来实现目的。

◎博山炉◎

◎天坑溶洞◎

## 注释

①常：长久不变。
②师：老师，此指仿效的榜样。
③与(yù)：参加、参与。
④成于事：把事情办成功。合于计谋：与预定的计谋相符合。
⑤与之：将之。主：君主。
⑥两：彼、此双方。忠：忠诚、忠实。
⑦反：背反。忤：抵触、背逆。
⑧反：此处当"顺从"解。与下句"反于彼"之"反"同。
⑨量天下：权衡天下的得失。量，衡量。
⑩材能：才质和能力。
⑪用：功用。
⑫计定：确定计谋。
⑬而后：然后。

古之善背向者[1]，乃协四海[2]、包诸侯[3]，忤合之地而化转之[4]，然后求合。故伊尹五就汤[5]、五就桀[6]，而不能有所明，然后合于汤。吕尚三就文王[7]、三入殷，而不能有所明，然后合于文王。此知天命之箝[8]，故归之不疑也[9]。非至圣达奥，不能御世[10]；非劳心苦思，不能原事[11]。不悉心见情[12]，不能成名[13]；材质不惠[14]，不能用兵；忠实无真，不能知人[15]。

## 译文

古代的那些善于选择背离一方、趋向一方的人，就可以协和天下的各种力量，控制各方诸侯，在不同的势力之间不断变化，最终选择适合的圣贤君主，与他亲密合作。所以伊尹五次臣服商汤，五次臣服夏桀，他的去向背留一直没有明示于世人，然后才决定一心臣服商汤王。吕尚三次臣服周文王，三次进入殷商国都，他的去向背留一直没有明示于世人，最后归服了周文王。这就是他们知道天命之不可违，所以最后归附于明主而毫不疑忌。如果不具备高尚的品德和超人的智慧，是不能治理天下的；如果不用心苦苦思索，是不可能探究到事物的本原的；如果不全神贯注地发现真实情况，就不可能成就美名；如果才能资质不聪慧，就不能统兵作战；如果只是愚忠呆实而无真知灼见，就不可能有察人之明。

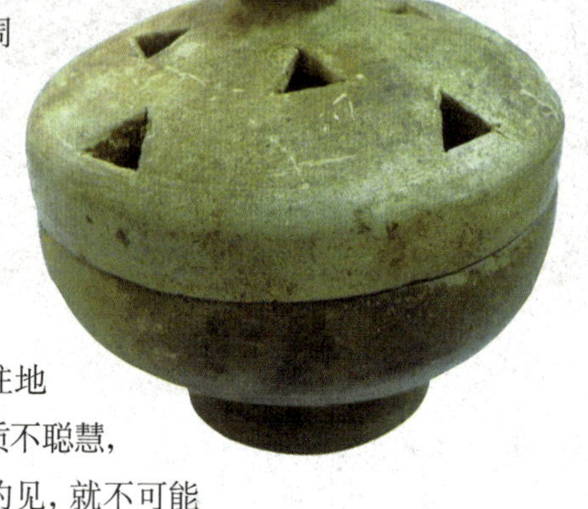

◎战国　香熏◎

## 注释

①善：擅长、善于。
②协：协和、协调。四海：古以中国四境有海环绕。四海犹言天下，指全国各处。
③包：包容、膺服。
④忤合：逆合。
⑤伊尹：商朝开国名相，辅弼商汤消灭夏桀。就：接近、靠近。汤：商朝的开国之君，重用伊尹消灭夏桀，开创商王朝，推行善政。
⑥桀：夏朝最后一个暴君，被商王汤消灭。
⑦吕尚：即姜子牙，辅佐周文王、周武王，对周朝的建立贡献极大，是齐国的始祖。
⑧箝：控制。
⑨归：归属、归附。
⑩御：驾驭、治理。
⑪原：推究、考究，追根寻源。
⑫悉心：全心。
⑬成名：树立名声。
⑭材：通“才”，才能。惠：通“慧”，聪明。
⑮知人：了解他人。

故忤合之道，己必自度材能知睿[①]，量长短、远近孰不如[②]，乃可以进，乃可以退；乃可以纵，乃可以横。

## 译文

所以，忤合之术的法则是：一定要估量自己的才能智慧，度量自身的优势与不足，分析在远近范围内还比不上谁。这样做了，就可以进取，可以隐退；可以合纵，可以连横了。

## 注释

①度：忖度、度量。
②孰：谁。

## 智慧·谋略

“忤合”是《鬼谷子》关于对立与顺合的方法，也是讨论如何选择君主以从政的问题。

任何事物都有正反、顺逆的发展形式，施用忤合之术的前提是必须对具体事物多方研究，人心向背、世道正邪、所趋是顺还是逆、所为是好还是坏、敌人是众还是寡、地形是优还是劣。因此，要不断地从正反两面仔细研究，根据实际情况采取相应的应对策略。缺乏针对性的以反求合，不仅不能实现原先意图，而且可能适得其反。而且两种状态是互相转化的，像铁环一样连接在一起，没有一点裂痕。《鬼谷子》指出，圣人生活在人世间，立身、治世、施行教化、显扬名声、阐明名分，一定会根据事物变化的际会，根据天时地利人心等情况而采取相应的对策。

世上的事物总在变化中，没有永远不变的，这就是“忤合”篇所说的“世无常贵，事无常师”。所以实施忤合之术“必先谋虑计定”，必须充分认识万物皆在变化之中。有效的忤合智谋，必须要知己知彼。估量自己的才能智

◎战国 鸟兽銎内戈◎

慧，度量自身的优势与不足，还要估量环境，分析施行忤合之术对象的实际，这样才能进退纵横，游刃有余。

鬼谷子的忤合之术是基于“反”、“合”可以互相转化的原理。施用忤合之术的前提是必须对具体事物进行多方面的研究，进而采取具体的应对办法。诈退之法、诈降之术、诈败之法常被军事家广泛使用，都可视为忤合之术。

公元215年春，曹操率兵攻伐汉中张鲁。自陈仓出发，一路夺关斩将，进行得极为顺利。阳平关地势险要，易守难攻，守将为张鲁之弟张卫与大将杨昂，他们在山顶筑长城10余里，更增加了进攻的难度。几次攻击之后，曹操损兵折将，却没有踏上阳平关半步。曹操看到阳平关确实难以攻破，他眉头一皱，计上心来，便引军后退。敌人见曹操大军已退，守备也就松弛下来。不料曹操乃是诈退，是要以此松懈敌人的守备。曹操看见敌人中计，就命令张郃、夏侯渊领兵乘夜偷袭，终于获得大胜，登上了阳平关。阳平关一破，汉中已经没有险阻，使得张鲁仓皇逃走，曹操占有了汉中。

事情往往有正必有反，有顺必有逆，有利就有不利，有直便有曲。要善于从利中见不利，从不利中见利，从直中见曲，从曲中见直。顺逆、正反、曲直，其中蕴含着机微奥妙。有些事情顺势去做可以成功，有些事情逆反去做也可以成功。春秋战国时期，楚庄王想攻打陈国，就派间谍去刺探陈国的情况。侦察人员回来报告说：“陈国城高沟深，储备丰富，不可攻伐。”楚庄王听后却说：“陈国可以攻伐。陈国小但储备丰富，说明赋敛繁重；国小但城高沟深，说明民力疲惫。”于是，楚庄王起兵，一举攻下了陈国。这是曲中见直，从不利中见利。越国的范蠡在帮助勾践复国后坚辞不就相位，汉朝的张良在灭秦后闭门谢客，是因为他们深知福极祸来的道理。这是从直中见曲，从利中见不利。

《鬼谷子》说：圣人没有永远的参与，但对于善的一定要参与，所以说圣人无所不参与；圣人不听无稽之言，但其他的言论都听，所以说圣人无所不听。这是鬼谷子讨论如何选择君主以从政的问题。《鬼谷子》主张估计哪位君主能成就大业，又与自己预定的计谋相符合，就选择他作为自己的君主。事实上，与这一方相契合就要与那一方相背离，必然会有冒犯某一方的情况。合乎这一方的意愿，就要违背那一方的意愿；违背那一方的意愿，才可能合乎这一方的意愿。因此要权衡利弊，考察得失，难得彼此兼顾。《鬼谷子》认为，古代的那些善于选择背离一方、趋向一方的人，就可以协和天下的各种力量，控制各方诸侯。要在不同的势力之间不断变化，最终选择适合的圣贤君主，与他亲密合作。所以伊尹五次臣服商汤，五次臣服夏桀，然后才决定一心臣服商汤王。吕尚三次臣服周文王，三次进入殷商国都，最后归服了周文王。伊尹和吕尚这两位贤相，都是经过多次反复，最后才选择了正确的道路。

《鬼谷子》认为，个人的能力和努力程度是与结果相应的，如果不具备高尚的品德和超人的智慧，是不能治理天下的；如果不用心苦苦思索，是不可能探究到事物的本原的；如果不全神贯注地发现真实情况，就不可能成就美名；如果只是愚忠呆实而无真知灼见，就不可能有察人之明。

# 揣篇第七

“揣篇”是《鬼谷子》的第七篇。“揣”的意思是“揣测”、“揣度”、“探求”。

揣术是《鬼谷子》关于如何揣测游说对象的客观条件与主观心理的方法，体现了《鬼谷子》一书的核心思想。揣测的内容包括两个方面：一是“量权”，即衡量对方的权势实力，如诸侯国的自然条件与政治经济形势；二是“揣情”，即揣测对方的心理状态。“量权”与“揣情”两者相比较，“量权”是衡量对方的客观条件，有形可见，是比较容易的；“揣情”是揣测对方的主观心理，它是无形的，有时可能隐藏得很深，是比较困难的。因此，本篇以“揣情”作为论述的重点。

治理国家，一定要全面度量天下的情况，如此才能治国安邦。在人际交往中，必须细致地揣摩对方的心理状态，然后制定谋略计策，如此才能切中要害。

古之善用天下者[①]，必量天下之权[②]，而揣诸侯之情[③]。量权不审[④]，不知强弱轻重之称[⑤]；揣情不审[⑥]，不知隐匿变化之动静。

## 译文

古时候善于治理天下的人，一定要衡量天下的发展趋势，揣度各个诸侯的真实情形。如果揣度天下的形势不周全，就不会知道诸侯国强弱虚实的差别。如果揣摩各诸侯的心理不周密，就不会了解隐匿和变化的状况。

## 注释

①善用：善于使用、善于治理。
②量：衡量。权：原意为秤砣，此为引申义。
③揣：揣测、揣度、探求。
④审：详细、周密。
⑤称：又作“秤”，天平。
⑥情：实情、真情。

何谓量权[①]？曰：“度于大小[②]，谋于众寡[③]。称货财有无之数[④]，料人民多少、饶乏[⑤]，有余不足几何[⑥]？辨地形之险易，孰利、孰害？谋虑，孰长、孰短？揆君臣之亲疏[⑦]，孰贤、孰不肖？与宾客之智慧[⑧]，孰少、孰多？观天时之祸福[⑨]，孰吉、孰凶？诸侯之交，孰用、孰不用？百姓之心，去就变化，孰安、孰危？孰好、孰憎？反侧孰辨？能知此者，是谓量权。”

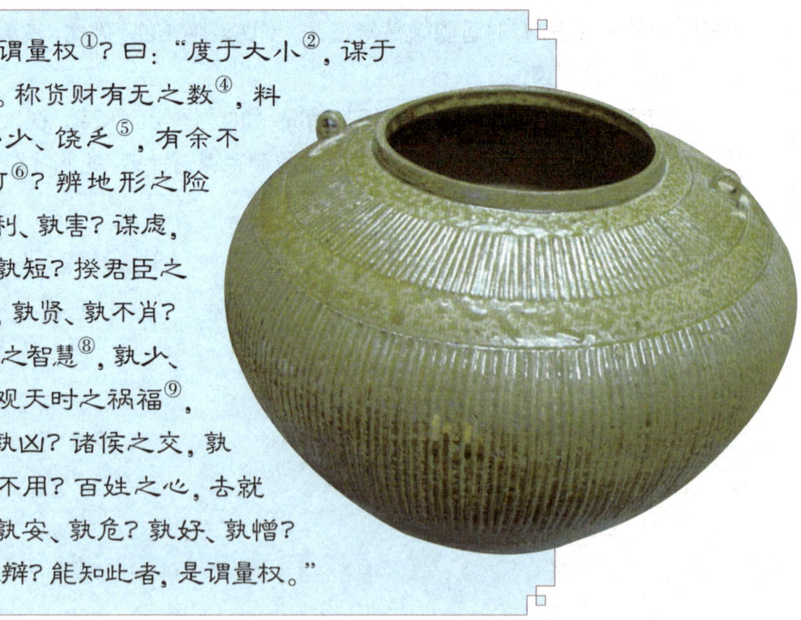

## 译文

什么叫衡量天下大势呢？就是能准确估量对方的大与小，考虑对方的多与少。计算财货存有和短缺的数量，预测百姓的众与寡、富足与贫乏，不足和有余各有多少？在战争中分辨地形的险峻与平坦，哪里对自己有利，哪里对自己有害？研究计策时，哪个是良策，哪个是权宜之计？估量君臣的亲疏关系，要知道谁贤德，谁不正派？在谋士与门客中，谁是平庸之才，谁足智多谋？观察天时的福祸时，什么是吉利的，什么是凶险的？在与诸侯的交谊中，谁是可以效力的，谁是不能效力的？在判断百姓的心理时，人心向背变化哪种是平稳的，哪种是具有危机的？什么是百姓喜好的，什么是百姓憎恶的？百姓的反叛如何得知？能清楚地了解以上这些情况，就叫做衡量天下大势。

## 注释 

①何谓：什么叫做。
②度（duó）：揣度、估量。
③谋：考虑。
④称：称量、计算。
⑤料：预料、预测。
⑥几何：表示不定数，相当于“多少”。
⑦揆(kuí)：估量、揣测。
⑧宾客：指古代贵族官僚家的门客、谋士。
⑨观：细看、观察。

揣情者[1]，必以其甚喜之时，往而极其欲也[2]；其有欲也，不能隐其情。必以其甚惧之时，往而极其恶也；其有恶也，不能隐其情。情欲必出其变。感动而不知其变者，乃且错其人[3]，勿与语，而更问其所亲[4]，知其所安。夫情变于内者，形见于外。故常必以其见者，而知其隐者。此所以谓测深揣情。

## 译文

揣摩对方的真实心情，一定要在他最高兴的时候去游说，从而使他的欲望极度膨胀；因为只要对方有欲望，他就不能隐匿其真实的情况。一定要在他最戒惧的时候去游说，从而使他的情感达到极度厌恶的程度；因为只要对方有所厌恶的事，也不能隐匿其真实的情况。人的真实情感、欲望，必然会反映在他们外在的神态变化之中。如果对方的情感受到触动但还是摸不清他的变化，就暂且放开对方，不要与他交谈什么了，转而去询问他所亲近的人，这样就可以知道他安然不为所动的原因。情感在内心发生变化，会在外部形态上表现出来。因此，必定能从他经常表现出来的情感中，来了解他隐藏在内心的真情。这就是所谓揣测内心深处实情的方法。

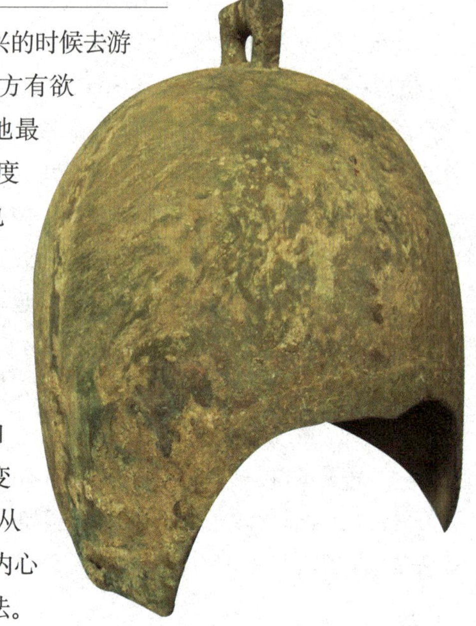

## 注释

①情：实情、真实心情。
②欲：欲望、欲念。
③且：姑且、暂且。错：通“措”，弃置、废弃。
④更（gēng）：改变、更换。

故计国事者[①]，则当审权量[②]；说人主，则当审揣情。谋虑情欲[③]，必出于此。乃可贵，乃可贱；乃可重，乃可轻；乃可利，乃可害；乃可成，乃可败。其数一也[④]。故虽有先王之道[⑤]、圣智之谋，非揣情，隐匿无可索之。此谋之大本也，而说之法也。常有事于人[⑥]，人莫能先[⑦]；先事而生，此最难为。故曰，揣情最难守司[⑧]，言必时其谋虑[⑨]。故观蜎飞蠕动[⑩]，无不有利害[⑪]，可以生事美。生事者，几之势也[⑫]。此揣情饰言成文章[⑬]，而后论之也[⑭]。

## 译文

所以谋划国家大事的人，就应当仔细地衡量天下大势；游说国君的谋士，也应当仔细地揣摩国君的心理。一切谋略和愿望，都必须通过这种揣情之术。揣情之术，可以使人富贵，也可以使人贫贱；可以使人被重用，也可以使人被轻视；可以使人受益，也可以使人受害；可以使人成功，也可以使人失败。这都是运用揣情之术的结果。所以说，即使有古代贤明君王的治国方法、圣人智者的谋略，如果不能揣测真情的话，那些隐蔽和深藏的实情就没有办法获得。可见，揣情之术是谋略的根本，是游说的法则。事情发生在人们面前，人们往往不能事先预料。在事情发生之前就能预先察知，这是最难做到的。所以说，揣情之术是最难以把握的，游说必须深谋远虑地选择时机。所以，即使观察小虫子的飞行和蠕动，都有其利害关系的存在，从而有成事之美。任何事情刚刚开始之时，往往是一种微小的态势。这些揣情的方法要经过修饰成为华彩词章，然后才能与对方进行论说。

## 注释

①计：谋划。

②审：周密、详细。

③谋：计谋、计策。虑：心思、意念。情：主观愿望。欲：欲望、欲念。

④数：通“术”，手段、方法、策略。

⑤虽：即使。道：途径、方法。

⑥常：时常、常常。

⑦莫：不。

⑧守司：掌握。

⑨时：时机。

⑩蜎飞蠕动：这里泛指微小虫子的飞行、蠕动。蜎（yuān），孑孓，蚊子的幼虫。在此通“翾（xuān）”，指虫类飞翔的样子。

⑪无不有利害：世间没有不具备利害之心的东西；世上之事无不包含着利与害的因素。

⑫几之势：细微的态势。几（jī），细微、微小。

⑬文章：文辞。

⑭而后：然后才。

## 智慧·谋略

揣术是《鬼谷子》关于如何揣测游说对象的客观条件与主观心理的方法，体现了《鬼谷子》一书的核心思想。揣测的内容包括两个方面：一是“量权”，二是“揣情”，二者是鬼谷子纵横学说的精髓 。因此，“揣篇”开篇就说“古之善用天下者，必量天下之权，而揣诸侯之情”。

量权就是考察游说对象的客观实际情况，衡量对方的权势实力，如诸侯国的自然条件与政治经济形势。善于治理国家的人，必须要权衡天下的轻重缓急，如财货的库存和短缺、君臣关系的亲疏、大臣的贤恶、谋士的才智、百姓的贫富与人心向背、天时的吉凶、地势的险峻与平坦等，只有全面衡量一个国家的国情，才能施大政于天下。

揣情就是揣测对方的心理状态，探求有关人群的反应、态度，这是知己知彼的最具体的有效方法。揣情必须要事先准确判断对方的心理，因为人的思想感情总有表现，人们总能由表及里地发现那些隐藏在内心的东西。所以《鬼谷子》说：“揣情不审，不知隐匿变化之动静。”可以说“揣情”是谋略的根本，是游说的主要方法。关于揣情方法的运用，《鬼谷子》谈到：要揣摩对方的真实心情，一定要在他最高兴或最戒惧的时候去游说，从而使他的欲望极度膨胀，或使他的情感达到极度厌恶的程度。因为只要对方有欲望，只要对方有所厌恶的事，他就不能隐蔽其真实情况，人的真实情感、欲望，会反映在他们外在的神态变化之中。情感在内心发生变化，会在外部形态上表现出来。因此，必定能从他经常表现出来的情感中，来了解他隐藏在内心的真情。假如没能成功，那也不是“揣摩术”不灵，而是运用不当。只要揣摩术运用得当，没有什么事做不成。

窦宪是东汉和帝时的一个权臣，仗着自己的妹妹是皇后，在朝中骄横跋扈，官员们既怕他，又奉承他。有一年，窦宪纳妾，各地官员争着送礼庆贺。汉中郡太守也准备了厚礼。太守手下有个叫李命的官员，很聪慧，细心，办事稳妥。他认为窦

◎战国 玉环◎

宪专权，树敌过多，估计日后必有杀身之祸。因此，李命劝太守不要与窦宪来往。太守感到很为难，怕得罪了窦宪，还是决定派人送礼。李命见阻止不了，就主动请求担任这个差事，并保证让太守满意，太守同意了。李命携带礼品上路以后，就派人打探京城里的动静。当时，朝廷中的外戚与宦官的矛盾很深，又流传着皇帝对外戚积怨很深的消息。李命根据所得到的情况分析，他估计在不长的时间里，朝廷上就会发生变故。李命就让随从的人员慢行，以拖延时间，观其事变。没过几天，当他们走到扶风的时候，从京城传来窦宪自杀身亡的消息。原来，汉和帝得知外戚集团中有人要谋害自己，就支持中常侍宦官郑众捕杀窦宪同党，窦宪就自杀了。李命听说后，淡淡一笑，立即带领随从的人员返回，向太守复命。受窦宪一事牵连的人不少，汉中太守因没与其交往而安然无恙。经过此事，太守很佩服李命的头脑和为人，对他加倍信任。

《鬼谷子》强调："故计国事者，则当审权量；说人主，则当审揣情。"认为揣情之术，可以使人富贵或贫贱，可以使人被重用或被轻视，可以使人受益或受害，可以使人成功或失败。即使有古代贤明君王的治国方法，圣人智者的谋略，如果不能揣测真情的话，那些隐蔽和深藏的实情就没有办法获得。可见，揣情之术是谋略的根本，是游说的法则。但揣情在理论上讲容易，在实践中难行。在事情发生之前就能预先察知，这是最难做到的，揣情之术是最难以把握的，游说必须深谋远虑地选择时机。鬼谷子对人的心理的分析，透彻而准确，不愧为人际关系方面的大师。

# 文化拾遗

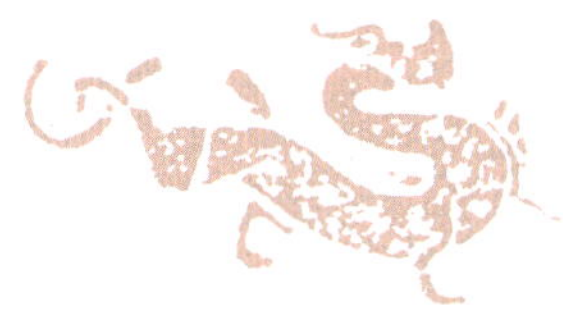

## 《文心雕龙》(刘勰[1])

《文心雕龙·诸子》:“孟轲[2]膺儒以磬折,庄周[3]述道以翱翔;墨翟[4]执俭确之教,尹文课名实之符;野老治国于地利,邹子养政于天文;申商刀锯以制理,鬼谷唇吻以策勋。”“鬼谷渺渺,每环奥义。”

### [注解]

①刘勰(约465—520年),字彦和,今山东莒县人,著名文艺理论家。其《文心雕龙》共50篇,是我国古代最系统的文艺理论著作。

②孟轲:儒家代表人物,有《孟子》传世。

③庄周:道家代表人物,有《庄子》传世。

④墨翟:墨家创始人,有《墨子》传世。

# 摩篇第八

“摩篇”是《鬼谷子》的第八篇，是“揣篇”的姊妹篇，也体现了《鬼谷子》一书的核心思想。摩，意为“揣摩”。

本篇开宗明义就说：“摩者，揣之术也。”说明“摩”是“揣”的方法。揣摩之术，是战国时期纵横家的主要游说手段。“揣”、“摩”两字，既有联系又有区别。“揣”，重在揣测对方的主客观情况；“摩”，重在触摩、接触，通过接触、试探以获得内情。

本篇介绍了从内心情感变化揣摩对方实情的具体方法。揣摩的方法多种多样，关键在于是否隐秘，谋略是否周密，方法运用得是否正确。用之不当，难以有效；运用得合理，则“事无不可”。

摩者，揣之术也①。内符者②，揣之主也。用之有道③，其道必隐④。微摩之以其所欲⑤，测而探之，内符必应。其所应也，必有为之⑥。故微而去之⑦，是谓塞窌⑧、匿端⑨、隐貌⑩、逃情⑪，而人不知，故能成其事而无患⑫。摩之在此，符应在彼，从而用之，事无不可。

## 译文

接触试探是揣测的一种方法。对方行为的内在心理原因，是"揣测"的主要内容。运用摩术有一定的法则，这个法则就是必须隐秘。根据对方的欲望略加接触试探，测探之后，他内心的真实想法就一定会以相应的外部形式反应出来。一旦对方的真实想法反应出来，必然要有所作为。所以在略加接触试探之后要适当地离开对方，这叫做堵塞漏洞、隐瞒端绪、隐藏本相、掩饰真情，从而使别人不了解内幕，所以能使事情成功又不会带来祸患。接触试探在于自己，真情流露则应在于对方，顺应事物规律巧妙地运用"摩术"，那么就没有什么事情是办不成的。

◎战国 纯金饰件◎

## 注释

①术：方法、手段。
②内符：情感活动在内，符验就表现在外。
③道：法则、规律。
④隐：隐秘。
⑤微：稍、略。以其所欲：根据他的欲望。以，根据、依据。
⑥有为之：自己所应采取的办法，指有所作为。
⑦去之：离开他。去，离开、离去。
⑧是谓：此谓，这叫做。塞：堵塞。窌（jiào）：地窖。
⑨匿：隐瞒。端：端绪、发端。
⑩隐：隐藏、遮掩。貌：外貌、外表，指本相。
⑪逃：逃避、避开。情：真情。
⑫患：祸患、祸害。

古之善摩者，如操钩而临深渊[①]，饵而投之[②]，必得鱼焉。故曰，主事日成[③]，而人不知；主兵日胜[④]，而人不畏也。圣人谋之于阴[⑤]，故曰“神”；成之于阳[⑥]，故曰“明”。所谓主事日成者[⑦]，积德也，而民安之，不知其所以利；积善也，而民道之[⑧]，不知其所以然；而天下比之神明也[⑨]。主兵日胜者，常战于不争、不费[⑩]，而民不知所以服[⑪]，不知所以畏，而天下比之神明。

## 译文

古代善于揣摩试探的人，就像拿着鱼钩到水潭边去钓鱼一样，在鱼钩上装上鱼食然后投入水中，就一定能钓到鱼。所以说，这种人所主持的事情天天取得成绩，别人却没有察觉；所指挥的军队每天都会获胜，却让人不感到恐惧。圣人谋划什么行动总是在暗中进行的，所以被称为“神”；而成就的功业却人人都能看到，所以被称为“明”。所说的主持事情天天取得成绩的人，是他们在积累德行，百姓安居乐业，却不知道为什么会享受到这些好处；他们积累善行，百姓遵循顺从，却不知道为什么要这样做。所以，天下的人把他们奉若神明。那些指挥军队每天都会获胜的统帅，他们常常是不战而胜，不耗费资财，百姓不知道敌国为什么拜服，不知道为什么畏惧。所以，天下的人把他们奉若神明。

## 注释

①操：持、拿着。钩：钓鱼的钩。
②饵：钓饵、钓鱼用的鱼食。
③主事：所主持的事情。日：每天、天天。
④主兵：所指挥的军队。
⑤阴：暗中、暗地里。
⑥阳：表面上。
⑦所谓：所说的。
⑧道：当作应走的路。
⑨天下：指天下的人。
⑩常：经常、常常。不争：不使用武力、不战而胜。不费：不耗费资财。
⑪所以：为什么。

其摩者，有以平[1]，有以正；有以喜，有以怒；有以名，有以行；有以廉，有以信；有以利，有以卑。平者，静也；正者，直也；喜者，悦也；怒者，动也[2]；名者，发也[3]；行者，成也[4]；廉者，洁也；信者，明也；利者，求也；卑者[5]，谄也[6]。故圣人所以独用者[7]，众人皆有之；然无成功者[8]，其用之非也。故谋莫难于周密[9]，说莫难于悉听[10]，事莫难于必成。此三者，唯圣人然后能任之[11]。

## 译文

揣摩试探的方法，有用平和的，有用正直的；有用娱乐麻痹的，有用愤怒激励的；有用名望威吓的，有用行为逼迫的；有用廉洁感化的，有用信誉说服的；有用利益诱惑的，有用谦卑争取的。平和就是宁静，正直就是直率；娱乐就是让他高兴，愤怒就是让他激动；使用名望是为了启发他，采取行动是为了促进他；讲廉洁是为了保持高洁，讲信誉是为了明白真情；讲利益是为了让他有所求取，讲谦卑是为了迎合对方。所以，圣人所独自使用的这些方法并不神秘，普通人也都可以具有；然而没有能运用成功的，那是因为他们运用方法不正确。因此，谋划策略，最难的就是周详缜密；进行游说，最难的就是让对方全部听从自己的主张；做事情，最难的就是一定要取得成功。这三个方面，只有成为圣人然后才能胜任。

## 注释

①以：用。
②动：动怒。
③发：启发。
④成：行贵成功，故云。
⑤卑：谦卑。
⑥谄：奉承，指迎合。
⑦独用：独自使用。
⑧然：然而、但是。
⑨莫：没有……的。
⑩悉：尽、全部。
⑪唯：只。然后：然后才。

故谋必欲周密，必择其所与通者说也[1]。故曰：或结而无隙也[2]。夫事成必合于数[3]，故曰：道数与时相偶者也[4]。说者听，必合于情，故曰：情合者听。故物归类[5]：抱薪趋火[6]，燥者先然[7]；平地注水[8]，湿者先濡[9]。此物类相应，于势譬犹是也[10]。此言内符之应外摩也如是，故曰：摩之以其类，焉有不相应者[11]？乃摩之以其欲，焉有不听者？故曰"独行之道"[12]。夫几者不晚[13]，成而不拘，久而化成。

## 译文

所以，谋划要想周到缜密，一定要选择能与其相沟通的人进行游说。这就叫做结交紧密而没有分歧。做事要想取得成功，一定要符合揣摩之术。所以说：客观规律、方法是与天时互相依附的。进行游说的人要让对方听信，一定要使自己的说辞合于情理，所以说：合情合理的才会有人听信。世界上的事物都有各自的属性：抱着柴草向火堆走去，干燥的柴草首先着火燃烧；往平地上倒水，低湿的地方先被淹没。这些都是与事物的性质相适应的，以此类推，其他事物也是如此。这是说内心情感应和外部揣摩试探的情况也是如此，所以说以同类相应的道理去施行揣摩之术，哪有不相呼应的呢？根据对方的欲望去施行揣摩之术，哪有不听从的呢？所以说揣摩之术是游说之士唯一能通行的方法。那些善于把握细微迹象的人不会坐失良机，事情做成功了而不居功，长久地实行这种方法就可以达到出神入化的境界。

## 注释

①说：游说。
②结：交、结交。无隙：没有间隙、紧密无间。
③数：术、方法。
④道数：道与术，指规律与方法。时：天时。偶：遇合、伴同。
⑤物归类：事物各有自己归属的类别。
⑥薪：柴。趋：奔赴、奔向。
⑦燥者：干燥的部分。然：燃、燃烧。
⑧注：灌注、注入。
⑨湿者：低湿的地方。濡：淹没。
⑩于：在……方面。势：情势。譬：好比。犹是：也是如此。
⑪焉：哪里。
⑫道：方法、途径。
⑬夫（fú）：彼。几（jī）：微小、细微。不晚：不失良机。

## 智慧·谋略

“摩篇”也是体现《鬼谷子》核心思想的篇章，主要阐释从内心情感变化揣摩对方实情的具体方法。重在触摩、接触，通过接触、试探以获得内情。

鬼谷子在“摩篇”的开篇就说：“摩者，揣之术也。”可见“摩”是揣测的一种方法，其主要内容是“揣测”对方行为的内在心理原因。《鬼谷子》认为，根据对方的欲望加以试探，其内心的真实想法就会以相应的外部形式反应出来，顺应事物规律巧妙地运用“摩术”，就没有什么事情办不成，而隐秘是运用摩术的法则。即所谓“用之有道，其道必隐。”《鬼谷子》比喻说，古代善于揣摩试探的人，就像拿着鱼钩到水潭边去钓鱼一样，在鱼钩上装上鱼食然后投入水中，就一定能钓到鱼。这种人所主持的事情天天取得成绩，别人却没有察觉；所指挥的军队每天都会获胜，却让人不感到恐惧，这是因为行动是在暗中进行的。

可以说，秘中成事是成就各种事业的规律，在政治、经济、军事等活动中概莫能外。公元前317年，苏秦在齐国被人刺伤。临死前，苏秦说：“我有抓住刺客的办法。”这个办法却是：等苏秦死了以后，张贴出告示，说已查明苏秦是间谍，并把尸体处以车裂之刑，在街市上示众。苏秦说：“这样罪犯必然落网。”果然，刺客死到临头了还蒙在鼓里，自己站了出来，期望领到奖赏，结果被处死。作为杰出谋略家的苏秦，临死前使用的这一计，显示了他神不知鬼不觉的高深谋略。

至于揣摩试探的方法，《鬼谷子》用十个字来概括，也就是十种基本方法：“平”、“正”、“喜”、“怒”、“名”、“行”、“廉”、“信”、“利”、“卑”。《鬼谷子》特别强调运用这些方法的周密妥帖，因为这些方法并不神秘，普通人也都可以具有。之所以没能运用成功，是因为他们运用的方法不正确。《鬼谷子》认为，方法是与客观规律、天时互相依附的。进行游说的人要让对方听信，一定要使自己的说辞合于情理，合情合理的才会有人听信。《鬼谷子》举例说，抱着柴草向火堆走去，干燥的柴草首先燃烧；往平地上倒水，低洼的地方先被淹没。这是它们各自的属性决定的。内心情感和外部揣摩试探的情况也是如此。

◎战国 白玉璧◎

东汉初年，汉明帝派大将军窦固率领大军西进攻打匈奴，班超也随军效力。为了联络西域诸国共同对付匈奴，窦固派班超为使者到西域去。班超一行三十六人，历尽千辛万苦，首先来到鄯善。开始几天，鄯善王对班超等人的态度很是友好，没几天就变得冷淡了。班超猜想，一定是匈奴的使者前来施加压力，迫使鄯善王不敢接近汉朝的使者。恰巧鄯善王的侍者来访，班超故作已经知道地问："匈奴的使者来几天了？住在什么地方？"这件事本该是瞒着班超等人的，经班超这么一问，竟把鄯善王的侍者给唬住了，他只好说了实话："他们已经到了三天，驻地离这里三十里。"班超立即把这个侍者扣留起来，召集三十六个随从人员商议对策，大家表示紧要关头听班超的。班超说："现在只有一个办法，趁着黑夜对匈奴人发动火攻，使他们摸不清我们有多少人，他们一乱，我们就能把他们收拾掉。消灭匈奴的使者，鄯善王才会对汉朝友好。"到了夜里，班超率领三十六个随从人员偷袭匈奴使者的营地，他让十个人擂鼓呐喊，制造声势，其余的人放火烧帐冲杀进去。匈奴人从梦中惊醒，到处逃窜，大都做了班超等人的刀下之鬼。战斗结束后，班超派人把鄯善王请来，让他看匈奴使者的首级，鄯善王被吓得面如土色。班超乘机劝他与汉朝建立友好关系，鄯善王连连点头称是。为了表示诚意，鄯善王还把自己的儿子送到洛阳去做人质。班超智勇双全，随机应变，通过鄯善王外表的变化，来判断其内心活动，用火攻的办法消灭匈奴使者，促使鄯善国与汉朝友好，班超也因此被升为军司马。

## 文化拾遗

### 《隋书·经籍志》(魏征[1]等)

子部纵横家类："《鬼谷子》三卷，皇甫谧注[2]。鬼谷子，周世隐于鬼谷。""《鬼谷子》三卷，乐壹注[3]。"

#### [注解]

①魏征(580—643年)：唐朝初年著名政治家、历史学家。

②皇甫谧(215—282年)：西晋初年学者。有《帝王世纪》、《高士传》、《甲乙经》等著作传世。

③乐壹：南朝萧梁时期学者。

# 权篇第九

“权篇”是《鬼谷子》的第九篇。“权”，本义是“秤锤”，引申为“衡量”、“权衡”，即审时度势。本篇中的“权”，是指游说言辞的反复衡量与修饰。

“权篇”的主旨是强调修饰游说言辞的重要性，论述游说的原则和方法。《鬼谷子》认为：说话是有技巧的，因此要根据游说对象的特点而反复衡量、修饰游说的言辞，借此增强说服力，以达到游说的目的。《鬼谷子》强调嘴是把守秘密的门户，“口可以食，不可以言”，要精通应对的五类言辞，当有利于自己时就可以去使用它。

说者[①]，说之也[②]；说之者，资之也[③]。饰言者[④]，假之也[⑤]；假之者，益损也[⑥]。应对者[⑦]，利辞也[⑧]；利辞者，轻论也[⑨]。成义者[⑩]，明之也[⑪]；明之者，符验也[⑫]。难言者[⑬]，却论也[⑭]；却论者，钓几也[⑮]。

## 译文

所谓“游说”，就是说服对方；说服对方，就是为了利用对方的力量做一番事业。修饰言辞，是为了借助言辞的力量去说服人；借助言辞的力量，就要对言辞进行增减剪裁，以迎合对方的心理。应答别人的问话，言辞一定要灵活；运用灵活的言辞，可以轻便地讨论问题。具有义理的言论，一定要阐明其真伪；阐明真伪了，还要用事实来验证。诘难对方的言辞，就是反驳对方的言论；反驳对方言论的目的，是为了引诱对方说出心中的机密。

## 注释

①说（shuì）：游说。
②说（shuō）：说服。下句“说之者”之“说”，同此。
③资：凭借、利用。
④饰言：修饰性的语言，也就是很好听的话。
⑤假：借。
⑥益损：增减的意思。
⑦应对：用言语酬答、对答。
⑧利：灵活敏捷。
⑨轻：轻快、轻便。
⑩成义者：具有义理的言论。
⑪明之：阐明真伪。
⑫符：原义为古代传达命令、征调兵将等用的凭证，用竹、木、玉、铜等制成，上面刻铸文字，分为两半，双方各执一半，合之以验真假。
⑬难言：指责对方言辞的话。
⑭却：拒绝、不受。
⑮钓几：诱出对方心中所隐藏的机微之事。钓，引诱。几（jī），机密、机要。

◎战国 玉龙佩◎

佞言者[1]，谄而干忠[2]；谀言者[3]，博而干智；平言者[4]，决而干勇[5]；戚言者[6]，权而干信；静言者[7]，反而干胜。先意承欲者[8]，谄也；繁称文辞者，博也；纵舍不疑者[9]，决也；策选进谋者[10]，权也；先分不足以窒非者[11]，反也。

## 译文

花言巧语的人，用奉承别人而求取忠诚之名；说着恭维话的人，以貌似广博的虚辞而求取智慧之名；说着平实可靠的话的人，果决不疑而求取勇敢的名声；说着忧愁的话的人，善于运用权术而求得守信之名；说话镇静的人，反思原来的不足以图取得胜利。预先揣摩到对方的意愿，并顺承对方的欲望以博取其欢心，就是“谄媚”；堆砌辞藻以炫耀自己，就是所谓“博学”；说话时斩钉截铁，对放任什么或舍弃什么都毫不疑虑地表态，就是“果决”；善于策划选择谋略，然后进献，就是“权术”；天分不足以制止错误，所以要反思，就是“反”。

## 注释

①佞言：花言巧语。
②谄(chǎn)：巴结、奉承。干(gān)：求。
③谀言：奉承、恭维的言辞。谀，奉承、恭维。
④平言：平实可靠的言论。
⑤决：果断、坚决。
⑥戚言：忧愁的言论。戚，忧愁。
⑦静言：镇静之言。
⑧先：预先。意：意会、琢磨。承：顺承。欲：欲望。
⑨纵：放纵、放任。舍：舍弃。
⑩策选：策划选择。进谋：进献谋略。
⑪足以：能够、足够用来。窒：阻塞、堵塞。

故口者，机关也[1]，所以关闭情意也[2]。耳目者，心之佐助也[3]，所以窥瞷奸邪[4]。故曰：参调而应[5]，利道而动[6]。故繁言而不乱，翱翔而不迷[7]，变易而不危者[8]，睹要得理[9]。故无目者不可示以五色[10]，无耳者不可告以五音[11]。故不可以往者，无所开之也[12]；不可以来者，无所受之也。物有不通者，圣人故不事也。古人有言曰“口可以食，不可以言”者，有讳忌也。众口铄金[13]，言有曲故也。

## 译文

所以，嘴巴是人守护隐秘的门户，是用来表达或封锁情感的。耳朵和眼睛，是心的辅助器官，是用来侦察奸诈邪恶的。所以说，嘴巴、耳朵、眼睛三者要协调呼应，选择有利的途径而后再行动。因此，用一些繁琐的语言也不会发生混乱，纵横驰骋地议论也不会迷失方向，改变议论主题也不会出现失利的危险，这是因为看清了事物的要领，把握了事物的规律。所以，没有视力的人，没有办法拿五彩颜色给他看，没有听力的人，没有办法把音乐的感受告诉他。所以，有些人不能够去游说，是因为没有办法开导他们；有些人不能够让他来交往，是因为没有办法让他们接受什么。有些行不通的事，圣人是不去做的。古人说过：“嘴巴可以吃东西，却不可以随便说话。”这是说语言是有忌讳的。俗话说“众人的言语可以熔化金属”，是因为语言有歪曲真相的缘故。

## 注释

①口者，机关也：嘴是表达或隐瞒情感的器官。
②所以：用来……的东西，是用来……的。
③心之佐助：心的辅助器官，意为帮助心搜集情报。佐，助、辅助。
④窥覸：暗中察看。覸（jiàn），窥视、探视、悄悄地看。奸：邪恶。邪：不正。
⑤参：同“三”。指口、耳、目三器官而言。调：协调。应：呼应。
⑥利道：有利的途径。动：行动。
⑦翱翔：鸟在空中回旋飞翔。此指议论纵横驰骋。
⑧易：变换、改变。
⑨睹：见、看见。要：要点、关键。淂：得到、获得。
⑩五色：青、赤、黄、白、黑五种颜色，古代以此五者为正色，其他色为间色；亦泛指各种颜色。
⑪五音：亦称“五声”，即我国古代五声中的宫、商、角、徵、羽五个音级。
⑫无所：没有什么办法。开：启发。
⑬众口铄金：原形容舆论势力很大，后谓众口一词，可以混淆是非。铄（shuò），销、熔化。

人之情，出言则欲听[1]，举事则欲成。是故智者不用其所短[2]，而用愚人之所长；不用其所拙[3]，而用愚人之所工[4]，故不困也[5]。言其有利者，从其所长也[6]；言其有害者，避其所短也。故介虫之捍也[7]，必以坚厚[8]；螫虫之动也[9]，必以毒螫。故禽兽知用其长，而谈者亦知其用而用也。

## 译文

一般人的常情，说出话来就想要有人听从，办事情就想要取得成功。所以，一个聪明人不用自己的短处，而用愚者的长处；不用自己的笨拙，而用愚人的精巧，这样就不会使自己陷于困境。说到对方有利的条件，是为了发挥他的长处；说到对方有害的一面，是为了回避他的不足。因此，有甲壳的动物在捍卫自己时，一定是凭借又坚又厚的甲壳；有毒螯的昆虫在活动时，一定使用毒螯刺伤对方。所以，连动物都知道使用自己的长处，游说的人也就更知道用他们应该用的游说之术了。

## 注释

①欲：想要。
②是故：所以、因此。其：自己。
③拙：笨。
④工：精巧。
⑤困：困窘。
⑥从：顺从、听从。
⑦介虫：带有甲壳的昆虫。捍：捍卫、保护。
⑧坚厚：指坚厚的甲壳。
⑨螫（shì）虫：指能用毒刺来刺人的虫子。

故曰辞言有五：曰病，曰恐[1]，曰忧，曰怒，曰喜。病者，感衰气而不神也[2]；恐者，肠绝而无主也[3]；忧者，闭塞而不泄也[4]；怒者，妄动而不治也[5]；喜者，宣散而无要也[6]。此五者，精则用之[7]，利则行之[8]。

## 译文

所以说，应对的言辞有五类：一是病态之言，二是恐惧之言，三是忧郁之言，四是愤怒之言，五是喜悦之言。病态之言，是气息衰弱、说话没有精神的言辞；恐惧之言，是哀怨肠断、没有主见的言辞；忧郁之言，是心情抑郁、不能宣泄的言辞；愤怒之言，是胡乱发泄、不能控制自己的言辞；喜悦之言，是尽情诉说、散乱而没有要点的言辞。这五类应对的言辞，精通之后就可以去使用它，有利于自己时就可以去实行它。

## 注释

①恐：害怕、恐惧。
②不神：没有精神。
③无主：指言辞无主。
④闭塞：堵塞、阻塞。泄：发泄、宣泄。
⑤治：管制、管理。
⑥宣：宣泄、发抒。要：要点、关键。
⑦精：精通、精究。
⑧利：有利（于）。

故与智者言，依于博[1]；与博者言，依于辨[2]；与辨者言，依于要[3]；与贵者言，依于势[4]；与富者言，依于高[5]；与贫者言，依于利[6]；与贱者言，依于谦[7]；与勇者言，依于敢[8]；与愚者言[9]，依于锐[10]。此其术也[11]，而人常反之[12]。是故与智者言，将以此明之；与不智者言，将以此教之，而甚难为也[13]。故言多类[14]，事多变。故终日言，不失其类[15]，而事不乱。终日不变，而不失其主[16]，故智贵不妄[17]。听贵聪，智贵明，辞贵奇。

## 译文

所以，与智慧的人谈话，要依靠渊博的才学；与博学的人谈话，要依靠善辩的能力；与善辩的人谈话，要依靠简明扼要的原则；与高贵的人谈话，要依靠恢弘的气势；与富有的人谈话，要依靠高雅的涵养；与贫穷的人谈话，要依靠利益的诱惑；与低贱的人谈话，要依靠态度的谦恭；与勇敢的人谈话，要依靠果敢的气概；与愚笨的人谈话，要依靠直率尖锐的态度。这些都是与人谈话的方法，而一般人却常常与此相反。所以，与聪明的人谈话，就要让他明白这些方法；与不聪明的人谈话，就要把这些方法教给他，而这样做是很困难的。所以说谈话有多种方法，所说之事又会不断变化。因此，即使整天谈论，如果不违背这些方法，就不会把事情搞乱。如果整天遵守这些法则，就不会违背谈话的宗旨，所以就智者而言重要的是不虚妄。听话贵在听得真切，智慧贵在明辨是非，言辞贵在奇妙。

## 注释

①依：依托、依傍、倚仗。博：博学多闻。
②辨：通“辩”，善辩、口才好。
③要：切要、简要。
④势：气势。
⑤高：高雅。
⑥利：利益。
⑦谦：谦逊、谦恭。
⑧敢：有勇气、有胆量。
⑨愚：愚笨、愚昧。
⑩锐：锐利、锋利。
⑪术：方法、手段。
⑫反：违反、违背。
⑬为：做。
⑭类：类别。
⑮失：违背。
⑯主：事物的根本。
⑰妄：虚妄、不合事实或不切实际。

“权篇”的主旨是强调修饰游说言辞的重要性，论述游说的原则和方法。

纵横家以审时度势、游说他人为己任，而游说的基本媒介是言辞。鬼谷子作为纵横家的鼻祖，对游说做了理论上的阐释。《鬼谷子》认为：“游说”就是说服对方，利用对方的力量做一番事业。而说话是有技巧的，因此要根据游说对象的特点而反复衡量、修饰游说的言辞，以迎合对方的心理，借助言辞的力量去说服人，以达到游说的目的。说话的技巧又可以掩饰说话的内容：花言巧语的人，由于会奉承别人而变成忠；说着恭维话的人，由于会吹虚而变成智；说着平实可靠的话的人，由于能果决不疑而变成勇；说着忧愁的话的人，由于善于运用权术而变成信；说话镇静的人，由于善于反思而变成胜。

战国时期诸侯争霸，谋臣们各显神通，以游说之道挽救国之危亡。秦国攻打魏国，孟尝君出使赵国为魏国请求救兵，赵王回绝了他。于是，孟尝君对赵王说：“我是忠于您才来向您求救兵的。”赵王感到莫名其妙。孟尝君接着说：“赵、魏两国的兵力差不多，赵国是魏国的屏障，赵国现在不出兵救魏，魏国一旦被秦国所灭，赵国也就会像现在的魏国一样，土地年年被侵占，人民年年受迫害。”赵王听后很害怕，认为很有道理，就同意出兵。接着，孟尝君又来到燕国求救兵，燕王也先推说国内灾荒，不派兵救魏。孟尝君就假装要走，但又说：“我担心天下要变了。”燕王一听话中有话，就问原因为何？于是，孟尝君对燕王说：“您如果不出兵救魏，魏很可能被秦打败，魏只好投降于秦。反过来魏就会痛恨燕王您不出兵救他，因此就伙同秦、赵、韩四国共同进攻燕国。到那时燕国可就要化为灰烬了！”燕王一听不寒而栗，当即答应出兵援救魏国。孟尝君明辨国与国之间的利弊得失，以

# 文化拾遗

## 《文选注》(李善[1])

注郭璞《游仙诗》，引庾仲雍《荆州记》曰："临沮县有青溪山，山东有泉，泉侧有道士精舍。"又引《鬼谷子序》曰："周时有豪士隐于鬼谷者，自号鬼谷子。言其自远也。然鬼谷之名，隐者通号也。"注应璩琏《侍五宫中郎将建章台集诗》："《鬼谷子》曰：'以识细微。'"注卢子谅《赠刘琨一首并书》："《鬼谷子》曰：'物有自然。'乐氏[2]曰：'自然，继本名也。'"注陆士衡《汉高祖功臣颂》："《鬼谷子》曰：'测深揣情。'"注刘孝标《辨命论》："《鬼谷子》曰：'即欲阖之，贵密；密之，贵微。'"注陆士衡《演连珠五十首》："《鬼谷子》曰：'藏形，其有欲也，本能隐其情。'"又，五臣注左思《吴都赋》："《鬼谷子》曰：'郑人取玉，必载司南之车，为其不惑也。'"

### [注解]

①李善(630—689年)：唐高宗时期学者，他为《昭明文选》作的注非常有名。《唐书》中也有他的传记。

②乐氏：即梁代为《鬼谷子》作注的乐壹。

利益相关之理说服了赵王和燕王，搬来了赵、燕援兵十八万人，战车五百辆，救兵的队伍浩浩荡荡来到魏国。秦王十分害怕，连忙向魏国请求讲和，带兵离去，使魏国免遭秦的灭亡。

《鬼谷子》强调嘴是把守秘密的门户，是用来表达或封锁情感的："故口者，机关也，所以关闭情意也。"耳朵和眼睛是心的辅助器官，是用来侦察奸诈邪恶的。嘴巴、耳朵、眼睛三者要协调呼应，选择有利的途径而后再行动。如这样，用一些繁琐的语言也不会发生混乱，纵横驰骋地议论也不会迷失方向，改变议论主题也不会出现失利的危险，这是因为看清了事物的要领，把握了事物的规律。《鬼谷子》还引用古人的话来强调语言表达的重要性："口可以食，不可以言。"这是说语言是有忌讳的，是会泄露心声的。现在人们常说的"祸从口出"、"言多必失"也是这个意思。

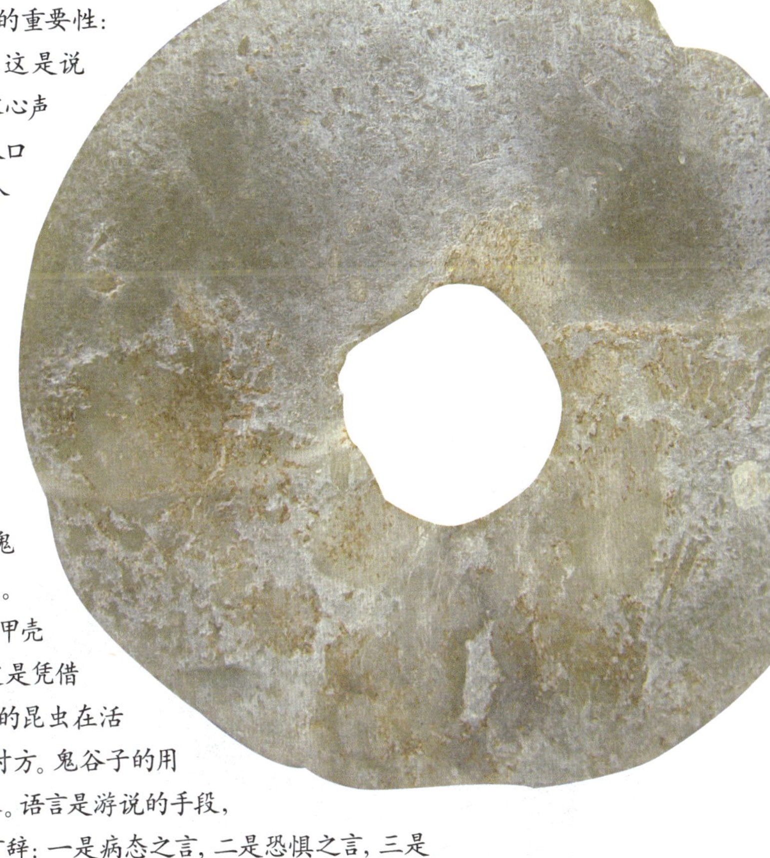

不管人之智愚，都有优点和弱点。《鬼谷子》指出，一个聪明人不用自己的短处，而用愚者的长处；不用自己的笨拙，而用愚人的精巧，这样就不会使自己陷于困境。鬼谷子所说的就是扬长避短。《鬼谷子》还举例说，有甲壳的动物在捍卫自己时，一定是凭借又坚又厚的甲壳；有毒螫的昆虫在活动时，一定使用毒螫刺伤对方。鬼谷子的用意在于强调采用游说之术。语言是游说的手段，因此要精通应对的五类言辞：一是病态之言，二是恐惧之言，三是忧郁之言，四是愤怒之言，五是喜悦之言。这五类应对的言辞，精通之后可以适当地使用它，有利于自己时才能实行它。

与人谈话的方法多种多样，《鬼谷子》认为要与对方相适应。

与智慧的人谈话，要依靠渊博的才学；与博学的人谈话，要依靠善辩的能力；与善辩的人谈话，要依靠简明扼要的原则；与高贵的人谈话，要依靠恢弘的气势；与富有的人谈话，要依靠高雅的涵养；与贫穷的人谈话，要依靠利益的诱惑；与低贱的人谈话，要依靠态度的谦恭；与勇敢的人谈话，要依靠果敢的气概；与愚笨的人谈话，要依靠直率尖锐的原则。这是鬼谷子的九大说话原则。

纵横家以口才闯天下，巧于言语者当推张仪。张仪在当上秦国丞相之前很穷。他曾游说于楚国，见楚怀王爱恋美色，便心生一计。张仪谒见楚怀王，说楚地狭小，他可到别国为楚怀王物色美女。一席话使楚怀王心花怒放，马上给了张仪无数珠宝。楚怀王的宠妃南后和郑袖得知，也各送金一千斤和五百斤，但是请求张仪不要给楚怀王物色美女。最后，张仪请楚怀王赐离别之宴。在席上，张仪见到作陪的南后和郑袖，故作惊讶："我走遍天下，也没遇到过像南后和郑袖这样漂亮的美女，我还自不量力要为大王您寻找美女，真是愧对您的厚爱！"这时，楚怀王也只好说："是的！是的！我也觉得她们是天下最美的美人。"于是，楚怀王不再提寻找美女之事。张仪两面讨好，白得金一千五百斤。

评价战国时期的纵横家，当以当时的历史为背景。不要只看到他们的巧舌如簧，如果剔除其中的糟粕，作为领袖或事件的决策者，不仅要有精明的头脑、渊博的学识、审时度势的能力，而且要有善辩的语言应变力和口若悬河的表达力，即雄辩家的才华。如无此才，难以成大事。

◎据说这就是当年苏秦、张仪几个人的宿舍◎

# 谋篇第十

“谋篇”是《鬼谷子》的第十篇。“谋”，意为“谋略”，在本篇中指谋略策划。

“谋篇”与“权篇”紧密相接，是“权篇”的姊妹篇，人们也常常“权”、“谋”并提。《鬼谷子》中“权篇”与“谋篇”各有侧重，“权篇”主要讨论衡量游说对象、修饰游说言辞，“谋篇”主要讨论如何讲究谋略、怎样出谋划策。

“谋篇”的主要内容是阐释谋划说服人的策略。《鬼谷子》强调凡事都需要谋略，有了谋略才能“制于事”。谋略要因人而生，要掌握谋略运用的方法，谋的目的在于“制人”，而不是“见制于人”。

凡谋有道[①]，必得其所因[②]，以求其情[③]。审得其情[④]，乃立三仪[⑤]。三仪者，曰上、曰中、曰下。参以立焉[⑥]，以生奇[⑦]。奇不知其所壅[⑧]，始于古之所从。故郑人之取玉也[⑨]，载司南之车[⑩]，为其不惑也[⑪]。夫度材[⑫]、量能[⑬]、揣情者[⑭]，亦事之司南也。

## 译文

大凡谋略策划都有一定的规律，一定要弄清事情的缘由，以便寻求实情。详细地了解到实情，便设立三类标准来区分计谋的等级。三个等级就是：上等、中等和下等。此三者互相参验，就能定出奇谋。奇谋是没有什么可以壅蔽的，是从古代就开始了的。所以郑国人采玉的时候，都要乘着指南车去，为的是让采玉的人不迷失方向。那么估量才干、衡量能力、揣测情理，也就是为人处事时的指南车。

## 注释

①凡：大概、大略。道：规律、法则。
②因：缘由、原因。
③求：寻找、寻求。
④审：详细、周密。
⑤三仪：指天、地、人，天在上，地在下，人居中。借用天、地、人三仪，指上智、中才、下愚。
⑥参以立：参照以立事。
⑦奇：奇谋、奇计。
⑧壅：壅蔽。
⑨取：求、寻找、寻求。
⑩载（zài）：乘。司南之车：即指南车。中国古代发明的一种装有磁石的车，常指南方，以此为远行指定方向。
⑪惑：迷乱、迷惑。
⑫度（duó）：揣度、估计、估量。材：通“才”，才能。
⑬量：衡量、酌量。
⑭揣：揣度、揣测。

◎战国　洒银美绣厚重剑◎

故同情而相亲者[①]，其俱成者也[②]。同欲而相疏者[③]，其偏害者也[④]。同恶而相亲者[⑤]，其俱害者也。同恶而相疏者，偏害者也。故相益则亲[⑥]，相损则疏[⑦]，其数行也[⑧]。此所以察异同之分也[⑨]。故墙坏于其隙[⑩]，木毁于其节[⑪]，斯盖其分也[⑫]。故变生事，事生谋，谋生计[⑬]，计生议，议生说，说生进，进生退，退生制[⑭]，因以制于事[⑮]。故百事一道，而百度一数也[⑯]。

## 译文

所以凡是心意相同、互相亲近的人一同谋事，大家都可以成功。凡是愿望相同而感情互相疏远的人，一定有一方受损害。凡是恶习相同而又相互亲近的人，一定是都受到损害。凡是恶习相同而又感情相互疏远的人，有一方受损害。所以，想要相互都有益就必须密切关系，如果相互间受到损害就要疏远关系，这是规律在发挥作用。这也是用来考察事物同异分界的方法。因此，墙壁通常是因为它有裂隙才倒塌，树木通常是因为有节疤才折毁，这是理所当然的事。所以，事物不断变化才能产生问题，因为要解决问题才需谋划，只有通过谋划才会产生计策，研究计策才能产生相应的议论，有了议论才能产生游说的言辞，游说是为了进取，进取不成就再退一步，进退之中形成制度，以此来制约事物。可见，各种事物都属同一个道理，各种法度遵循同一个规律。

◎弓弩座◎

## 注释 

①同情：感情相同、心意相同。相亲：关系亲密、互相亲近。
②俱：皆、都。
③同欲：愿望相同、欲望相同。相疏：相互疏远。
④偏：一面。
⑤同恶：恶习相同。
⑥相益：相互有益。
⑦相损：相互损害。
⑧数（shù）：必然性、规律。行（xíng）：运行、运动。
⑨所以：用来……的方法。察：考察。分：区别。
⑩坏：倒塌。隙：裂缝、缝隙。
⑪木：树。节：木节，树木的枝干交接处。
⑫斯：这、此。其：它的。分：同“份”，天定的命数。
⑬计：计策。
⑭制：制度。
⑮制：此处为“控制”。
⑯度：制度、法度。

夫仁人轻货①，不可诱以利②，可使出费③；勇士轻难④，不可惧以患⑤，可使据危⑥；智者达于数⑦、明于理，不可欺以不诚⑧，可示以道理⑨，可使立功。是三才也⑩。故愚者易蔽也⑪，不肖者易惧也⑫，贪者易诱也⑬，是因事而裁之⑭。故为强者，积于弱也⑮；为直者，积于曲也；有余者⑯，积于不足也。此其道术行也⑰。

## 译文

仁德的人不看重财货，不能用物质利益诱惑他们，却可以让他们拿出财物；勇敢的人不怕危难，不能用祸患去吓唬他们，却可以让他们据守危险之地；智慧的人通晓事物的规律、明白事理，不能用不诚实去欺骗他们，却可以向他们讲明道理，让他们建功立业。这是三种人才啊！因此，愚昧的人容易被蒙蔽，不肖之徒容易被吓住，贪婪的人容易被诱惑，所有这些都要根据具体事情来裁定。因此，强大，是从弱小开始而一点点积累起来的；直线，是由许多微小的曲线积累而成的；有剩余，是从不足开始而一点点积累起来的。这是由于实行道术的结果。

## 注释

①仁人：仁德的人。轻：看轻、轻视。货：财物、财货。
②诱：引诱。以：用。利：利益。
③费：费用。
④难：危难、灾难。
⑤惧：使……恐惧、恐吓。患：祸患、祸害。
⑥据：居、处。危：危险，指危险之地。
⑦达：通晓、明白。数：规律。
⑧欺：欺骗。
⑨示：给……看。
⑩是：指示代词，此、这。三才：指仁人、勇士、智者三种人才。
⑪愚者：愚昧的人、愚蠢的人。易：容易。蔽：蒙蔽、受蒙蔽。
⑫惧：害怕、恐惧。
⑬贪者：贪婪的人。诱：引诱。
⑭是：指示代词，此、这。因：依据、根据。裁：裁定、裁夺。
⑮积：堆积或积累起来的。
⑯余：剩余、多余。
⑰行：实行、运行。

◎弩机◎

故外亲而内疏者[1]，说内；内亲而外疏者，说外。故因其疑以变之[2]，因其见以然之[3]，因其说以要之[4]，因其势以成之[5]，因其恶以权之[6]，因其患以斥之[7]。摩而恐之[8]，高而动之，微而证之[9]，符而应之[10]，拥而塞之[11]，乱而惑之[12]。是谓计谋[13]。计谋之用，公不如私[14]，私不如结[15]，结比而无隙者也[16]。正不如奇[17]，奇流而不止者也[18]。故说人主者[19]，必与之言奇；说人臣者[20]，必与之言私。

## 译文 

所以对那些表面上亲近而内心疏远的人，要从内心入手进行游说；对于那些内心亲密而表面上疏远的人，要从表面上入手进行游说。因此，要根据对方的疑惑来改变自己的游说之辞，根据对方的见解来给予肯定，根据对方的答辞来确定自己游说的要点，依据对方的形势变化来成就他，根据对方的所恶来为他权衡对付的办法，根据对方的所虑为他排忧解难。揣摩之后对之施以恐吓，抬高对方之后使他行动起来，巧妙地引用先例来证明，验证之后再决定是否响应，壅蔽对方后加以阻塞，搅乱并迷惑对方。这就叫做“计谋”。至于计谋的运用，公开运用不如暗中进行，私下密谋不如结成盟党，结成了盟党便没有内部矛盾。另外，正常的策略不如出人意料的奇谋，奇谋一出就是不可阻止的。所以游说国君的时候，一定要跟他谈奇策；游说大臣的时候，一定要跟他谈私交。

## 注释

①外：表面上、外表。内：内心。
②因：依据、根据。其：他的，指对方。疑：疑问、疑惑。以：来。变：改变。
③见：见解。然：以……为然、认为……是对的。
④说：说辞、答辞。要：要点。
⑤势：形势、情势。
⑥恶：所厌恶的。权：权衡。
⑦患：忧虑、担心。斥：斥除、排除。
⑧摩：揣摩。恐：恐吓。
⑨微：精微、巧妙。
⑩符：原义为古代传达命令、征调兵将等用的凭证，用竹、木、玉、铜制成，上面刻铸文字，分为两半，双方各执一半，合之以验真假；此为“验证”。应：响应。
⑪拥：壅蔽、隔绝。塞：堵塞、阻塞。
⑫惑：迷惑。
⑬是：指示代词，此、这。谓：叫做。
⑭公：公开。私：私下、暗地里。
⑮结：交、结交，指结党。
⑯隙：感情上的裂痕、怨隙。
⑰正：正常的策略、循常理。奇：奇谋、出人意料。
⑱流：流通，指奇谋的运用。
⑲人主：君主。
⑳人臣：大臣、臣子。

其身内①，其言外者②，疏③；其身外④，其言深者⑤，危⑥。无以人之所不欲⑦，而强之于人⑧；无以人之所不知⑨，而教之于人⑩。人之有好也⑪，学而顺之⑫；人之有恶也⑬，避而讳之⑭。故阴道而阳取之⑮。故去之者⑯，从之⑰；从之者，乘之⑱。貌者不美又不恶⑲，故至情托焉⑳。可知者，可用也㉑；不可知者，谋者所不用也㉒。故曰事贵制人㉓，而不贵见制于人㉔。制人者，握权也；见制于人者，制命也㉕。

## 译文

自身是局内人，却把隐私泄露给外人，这种人就会被疏远；虽是局外人，但他的言谈却深及内情，这种人也会有危险。不要把别人不想要的东西，强迫人家接受；不要把别人不懂的事，硬教给人家。如果对方有某种嗜好，要仿效以迎合他的兴趣；如果对方有什么厌恶的东西，要避开、为他隐讳。所以说，进行的虽是隐秘的谋划，得到的却是公开的获取。因此，想要除掉某人，先要放纵他；放纵他，是为了抓住机会除掉他。外表不流露出喜怒哀乐的人，可以对他倾诉真情，把大事托付给他。对于能了解的人，可以任用他；对于不能了解的人，有谋略的人是不会重用他的。所以说，办事以能控制别人为贵，而不是以被别人控制为贵。所谓控制别人，就是自己要掌握权柄；所谓被别人控制，就是命运被别人所控制。

◎夫妻陶俑◎

## 文化拾遗

### 《感遇》(陈子昂①)

吾爱鬼谷子，青溪无垢氛，囊括经世道，遗身在白云。七雄方龙斗，天下乱无君。浮云不足贵，遵养晦时文。舒之弥宇宙，卷之不盈分。岂图山不寿，空与麋鹿群！

### [注解]

①陈子昂(661—702年)：唐朝诗文革新运动的先驱。

## 注释

①身内：指身为局内人。
②言外：言语外泄、把隐私泄露给外人。
③疏：疏远。
④身外：指身为局外之人。
⑤言深：从言谈看深知内情。
⑥危：危险。
⑦无：毋、不要。以：把。欲：想要。
⑧强（qiǎng）：强迫。
⑨知：知道、懂得、了解。
⑩教：传授知识。
⑪好（hào）：爱好、嗜好。
⑫学：仿效。顺：顺应、顺从。
⑬恶：不喜欢、讨厌、憎恶。
⑭避：避开、躲开。讳：隐讳、避忌。
⑮阴：隐秘、暗中。道：行。阳：公开的。取：取得、获取。
⑯去：除去、除掉。
⑰从（zòng）：通“纵”，放纵、纵容；下句中的“从”同此。
⑱乘：趁着、利用。
⑲貌者不美又不恶：指喜怒哀乐不形于色。
⑳托：托付、委托。
㉑用：任用、重用。
㉒谋者：有谋略的人。
㉓制：控制。人：别人。
㉔见……于：表示被动的格式，译为“被”。
㉕命：命运。

故圣人之道阴[1]，愚人之道阳[2]。智者事易，而不智者事难。以此观之[3]，亡不可以为存，而危不可以为安[4]；然而无为而贵智矣[5]。智用于众人之所不能知，而能用于众人之所不能见。既用[6]，见可否，择事而为之[7]，所以自为也[8]；见不可，择事而为之，所以为人也[9]。

## 译文

所以圣人的谋略隐而不露，愚人的谋略张扬外露。聪明的人成事容易，而愚蠢的人成事困难。由此看来，面临灭亡者是不能使其生存的，面临危险者是不能使其安定的；因此，便要顺应自然而推崇智谋了。智慧要用在众人所不能知道的地方，才能要用在众人所不能看到的地方。运用智谋、施展才干之后，再判断是否可行，如可行就要选择应该做的事去做，这是为自己的办法；如果发现不可行，还是要选择应该做的事去做，这是为别人的办法。

## 注释

①阴：隐秘。
②阳：指公开、大肆张扬。
③以此观之：由此看来。
④此二句是说：救亡图存和转危为安都是很难的事。
⑤无为：无所为，指顺应自然。贵：看重、重视。
⑥既：已、已经。
⑦择：选择。
⑧自为：为自，为自己。
⑨人：别人。

故先王之道阴[1]。言有之曰[2]："天地之化，在高与深；圣人之制道[3]，在隐与匿。"非独忠、信、仁、义也[4]，中正而已矣[5]。道理达于此之义，则可与语[6]。由能得此，则可以谷远近之诱[7]。

## 译文

所以前代君王的谋略是隐而不露的。古语说："天地的造化，表现在高与深；圣人的谋略，表现在隐与匿。"不仅仅是要求忠诚、信守、仁慈、义理，主要是维护不偏不倚的正道。通达这种道理的精义的人，那么就可以跟他谈论谋略。如果能做到这一点，就可以达到恩养天下的目的。

◎战国 白玉玉圭◎

## 注释

①先：对已去世者的尊称。
②言有之曰：古语有这种说法。
③制：陶弘景注："案制字疑衍。"
④非独：不仅、不只。
⑤而已矣：而已、罢了。
⑥则：那么、就。语：谈论、对话。
⑦谷：此解为"养"，因谷能养人。

## 智慧·谋略

"谋篇"的主要内容是阐释谋划说服人的策略。

《鬼谷子》认为，凡事都需要谋略，而谋略策划都有一定的规律。因此，一定要弄清楚事情的缘由，以便寻求实情。在详细了解实情的基础上，设立上、中、下三类标准来区分计谋的等级，这三者互相参验以确定奇谋。奇谋既出，取胜自在必然。田忌赛马的故事历来为人们所津津乐道。齐国大臣田忌喜欢与宗室子弟们赛马，并下了千金赌注。孙膑看到双方马的实力差不多，就给田忌出主意说："用您的下等马去和对方的上等马比赛，用您的上等马去和对方的中等马比赛，用您的中等马去和对方的下等马比赛。"结果，田忌以二比一取胜，赢得了千金赌注。孙膑所使用的就是奇谋制胜的方法。

关于谋略的产生，《鬼谷子》认为"事生谋"。这是因为事物不断变化就会产生问题，要解决种种问题才需要谋划，也就产生了谋略。这一过程各个要素之间的逻辑关系，《鬼谷子》表述为"变生事，事生谋，谋生计，计生议，议生说，说生进，进生退，退生制，因以制于事"。各种事物都属同一个道理，各种法度遵循同一个规律。

◎鎏银盔甲◎

关于谋略的运用，《鬼谷子》强调要根据具体情况来裁定。使用对象要因人而异：仁德的人不看重财货，不能用物质利益来诱惑他们，却可以让他们拿出财物；勇敢的人不怕危难，不能用祸患去吓唬他们，却可以让他们据守危险之地；智慧的人通晓事理，不能用不诚实去欺骗他们，却可以向他们讲明道理，让他们建功立业。或者根据人的弱点来运用：如“愚者易蔽”、“不肖者易惧”、“贪者易诱”。或者根据亲疏的情况来运用：对那些表面上亲近而内心疏远的人，要从内心入手进行游说；对于那些内心亲密而表面疏远的人，要从表面入手进行游说。

南宋时期，宋高宗任用奸相秦桧，偏安江南，无心与金人交战，准备向金人割地称臣，签订合约。一天，宋高宗召集群臣说：“金人已经答应，如果我们不再袭击金国军队，便可以订立合约，并将皇太后和先帝的棺木送回。”当时宋军连连获胜，抗金的形势很好，大臣们正期待着收复中原。听到要停战议和，群情激愤，纷纷表示反对议和。宋高宗非常生气，想惩治主战的大臣。左相赵鼎虽也主战，但见宋高宗主意已定，不可逆转，为了保护主战派的实力，只好采用疏通的办法。他对宋高宗说：“我们知道皇上与金人有不共戴天之仇，现在是为了对亲人尽孝道，迫不得已才答应讲和。虽然大家说了些愤懑的话，但绝不是不尊敬皇上，而是爱护皇上，希望皇上不要见怪。皇上可下这样一道圣谕，讲明议和不是皇上的本意，是出于亲人的缘故不得不这样做。等到先帝的棺木和皇太后返回，如果金国撕毁和约，那么现在是否签约也就无所谓了；如果金人遵守合约，那正是我们希望的，也就不必恐惧后悔了。”宋高宗采纳了赵鼎的意见。由于抬出了先帝的棺木和皇太后作幌子，深明“忠”、“孝”之道的主战大臣只好缄口不言了，君臣间的这场矛盾暂时缓和下来。身为宰相的赵鼎，面对君臣间的冲突，为了避免主和派把持朝政、主战派受到打击，只

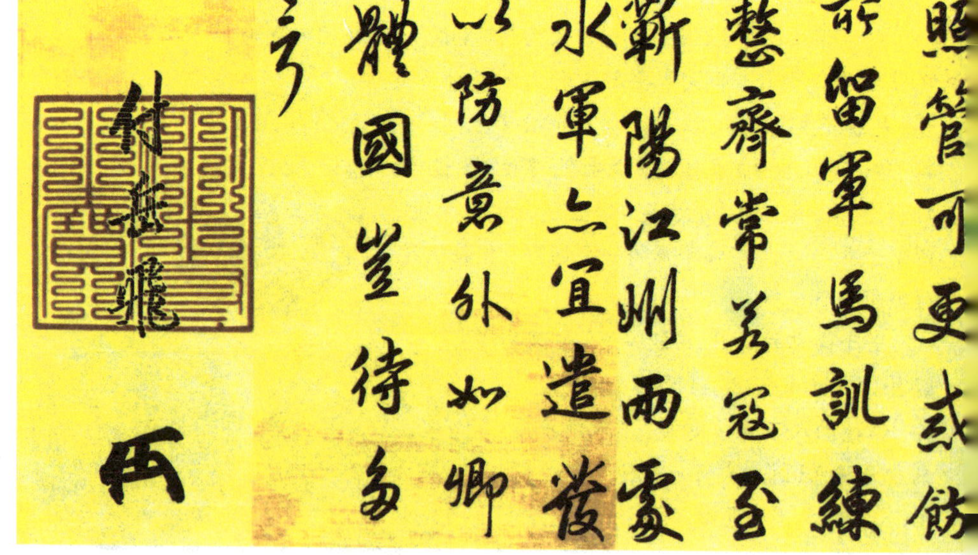

好暂时采取委曲求全的策略，力排众议，使宋高宗找不到借口治罪主战大臣，也使主战大臣提不出更充分的理由责怪皇上，可见其用心良苦。

在谋略的运用上，《鬼谷子》还强调“公不如私”、“正不如奇”。也就是说公开运用不如暗中进行，正常的策略不如出人意料的奇谋。事实上，凡用计谋必须隐而不露，只有愚笨的人谋划事情才张扬于人。隐而不露地谋划事情并不意味着谋划者心地阴暗，而常常意味着谋划者丰富的智慧。之所以“智者事易，而不智者事难”，就是因为“圣人之道阴，愚人之道阳”。古语说得好：“天地之化，在高与深；圣人之制道，在隐与匿。”

因此，鬼谷子推崇深藏不露的人：“貌者不美又不恶，故至情托焉。”认为外表不流露出喜怒哀乐的人，可以把大事托付给他。这是因为具有高深的谋划能力的智者，当然会高出常人之智，发现常人难以发现的问题，而做出英明决策。他们在把握全局、预测未来的能力，远远超过常人。魏晋时期，东晋丞相谢安面对前秦的百万大军，面不改色，镇定自若，任命自己的侄子谢玄为统帅，以仅有的八万军队与之对抗。当前方打了胜仗，有飞骑来报时，谢安正在与人下棋，他只淡淡地说了一句：“小儿辈，遂已破贼。”仍头也不抬地对弈不停，可见其从容镇定的风范。谢安是否读过《鬼谷

◎宋高宗赐岳飞书◎

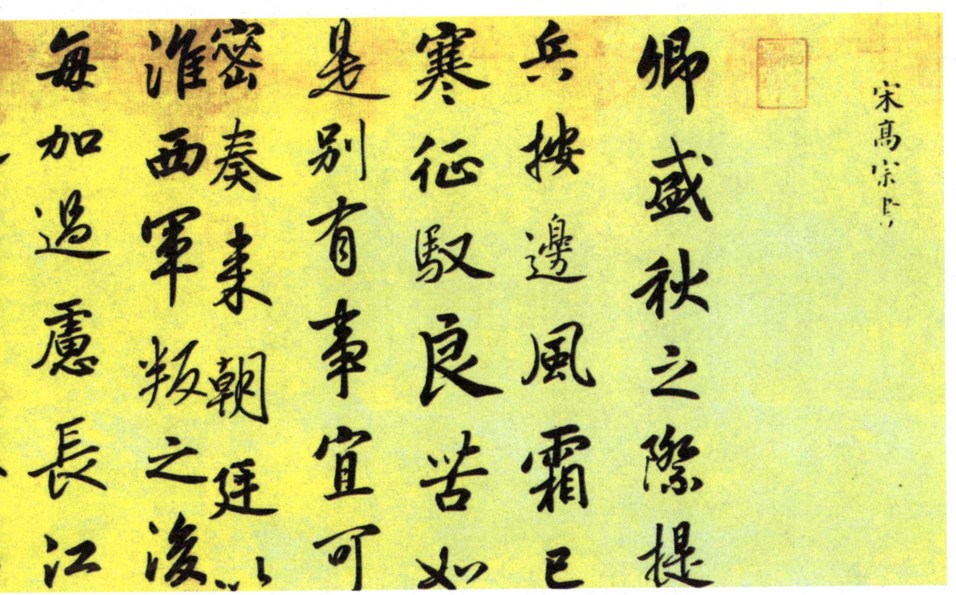

子》，恐怕没人知道，但鬼谷子总结的的确是谢安式的韬略。

《鬼谷子》指出，谋的目的贵在“制人”，而不是“见制于人”。这是因为“制人者，握权也；见制于人者，制命也”。告诫人们：如果你是局内人，就不要把隐私泄露给外人；如果你是局外人，你的言谈就不要深及内情。不要把别人不想要的东西，强迫人家接受；不要把别人不懂的事，硬教给人家。如果对方有某种嗜好，要仿效以迎合他的兴趣；如果对方有什么厌恶的东西，要避开、为他隐讳。想要除掉某人，先要放纵他；放纵他，是为了抓住机会除掉他。任用能了解的人，不重用不能了解的人。

## 文化拾遗

### 《鬼谷子叙》(尹知章①)

此书即授秦、仪者。捭阖之术十三章，《本经》、《持枢》、《中经》三篇。秦、仪复往见，先生乃正席而后坐，严颜而言，告二子以全身之道。

**[注解]**

①尹知章(?—718年)：绛州翼城人，唐朝经学家。《旧唐书·儒学下》《新唐书·儒学中》有他的传记。他爱好注释古书，注释过《孝经》、《老子》、《庄子》、《管子》、《韩非子》以及《鬼谷子》。今正统道藏本中所保存的注释，一般人都认为是陶弘景注，其实就是尹知章为《鬼谷子》作的注释。他为《鬼谷子》写的叙已经遗失，仅残存这一段，保存在王应麟《汉书·艺文志考证》中。

# 决篇第十一

“决篇”是《鬼谷子》的第十一篇。“决”，是决断的意思。

本篇是《鬼谷子》关于决断疑难的方法。决断主要是针对各种有疑虑的事情，所以本篇的中心是“决情定疑”四字，主要内容是为王公大臣们决断疑难问题。

《鬼谷子》认为，善于判断情况、做出正确决断是万事成败的关键。决断的确定，要顺应人之常情；人们都希望得到幸福、避免祸患，决断也要趋利避害。决断的确定，还要“度之往事，验之来事，参之平素”。勇于决断而又善于决断的人，谋事是会成功的。

凡决物[①]，必托于疑者[②]。善其用福[③]，恶其有患[④]。善至于诱也[⑤]，终无惑偏[⑥]。有利焉[⑦]，去其利则不受也[⑧]。奇之所托[⑨]。若有利于善者[⑩]，隐托于恶[⑪]，则不受矣，致疏远[⑫]。故其有使失利者[⑬]，有使离害者[⑭]，此事之失[⑮]。

## 译文

凡是替人决断事情，一定要以那个人心中的疑虑为依据。人们喜欢对自己有利的，厌恶对自己有祸害的事。如果善于诱导，最终就会消除对方的疑惑和偏见。事物间存在着利益的因素，如果抛开这些利益那么谋略就不会被对方所接受。这是运用奇谋的基础。如果决策有利于求善的人，但隐托在让对方讨厌的表象下，那么决策就不会被接受，而且还会导致关系的疏远。所以，决策有让人失去利益的，有让人遭受损害的，这是决断事情的失误。

## 注释

①凡：凡是。物：事情。
②托：寄托。
③用：指有用的。福：指有福的。
④恶：不喜欢、讨厌、憎恶。患：祸患、祸害。
⑤诱：诱导。
⑥惑：疑惑、迷惑。偏：偏见。
⑦利：利益。
⑧去：除去、去掉。受：接受。
⑨奇：奇谋、奇计。
⑩若：如果。
⑪隐：隐蔽、隐藏。
⑫致：导致、招致。
⑬其：指决策。
⑭离：通“罹”，遭遇、遭受。
⑮失：错误、失误。

圣人所以能成其事者有五[①]：有以阳德之者[②]，有以阴贼之者[③]，有以信诚之者[④]，有以蔽匿之者[⑤]，有以平素之者[⑥]。阳励于一言[⑦]，阴励于二言，平素、枢机以用四者[⑧]，微而施之[⑨]。于是度之往事[⑩]，验之来事[⑪]，参之平素[⑫]，可则决之[⑬]；王公大人之事也，危而美名者[⑭]，可则决之；不用费力而易成者，可则决之；用力犯勤苦[⑮]，然不得已而为之者，可则决之；去患者[⑯]，可则决之；从福者[⑰]，可则决之。

## 译文

圣人之所以能使他的事业取得成功，有五个因素：有用公开的道德教化百姓的，有用隐秘的手段惩治坏人的，有用守信让百姓感到真诚的，有用蒙蔽的办法让人不知情的，有用平常心净化社会的。用公开的道德教化百姓就要努力守常如一，用隐秘的手段惩治坏人就要努力掌握事物对立的两面，还要注意平时与关键时刻，巧妙地运用一言、二言、平素、枢机四个方面。那么推断以往的事情，预测未来的事情，再考察平日的情况，如果可行就做出决策。给王公大臣谋划事情，事情高雅又能获得美好声誉，如果可行就做出决断；不用劳费心力就可以轻易获得成功的事情，如果可行就做出决断；有些要劳费心力，遭受辛苦，但不得不这样做的，如果可行就做出决断；排除忧患的事，如果可行就做出决断；能导致福份的事，如果可行就做出决断。

## 注释

①成其事：使其事成。成，成功。事，事业。
②以：用。阳：公开的、光明正大的。德：道德、德行。之：百姓。
③阴：隐秘。贼：害、伤害，此指惩治。
④信：信用，又为守信、讲信用。诚：真心、真诚。
⑤蔽：蒙蔽。匿：隐瞒。
⑥平：平常、普通。素：质朴、朴素。
⑦励：勉励、鼓励，此为努力、尽量。
⑧平素：平时。枢机：关键、枢纽。枢，门上的转轴。机，弩上的发动机关。四者：指一言、二言、平素、枢机四个方面。
⑨微：微妙、巧妙。施：实行、实施。
⑩度：揣度、估计、估量。
⑪验：检验、验证，指预测。
⑫参：考察。
⑬决：决断、做出决策。
⑭危：高、高耸。
⑮犯：触犯，引申为冒着。
⑯去：除去、去掉。患：祸患、祸害。
⑰从：跟随、追随。福：幸福、福气。

故夫决情定疑，万事之基[1]，以正治乱，决成败[2]，难为者。故先王乃用著龟者[3]，以自决也。

## 译文

所以说决断情势、判定疑难，是万事的根本。用以整顿社会的治乱，决定事业的成败，是很难做到的事。所以前代君王就用蓍草、龟甲占卜，以此帮助自己做出决断。

## 注释

①基：根本。
②正：整顿。决：决断、决定。
③著龟：占卜的意思。著是蓍草，龟是龟甲，都是占卜工具。

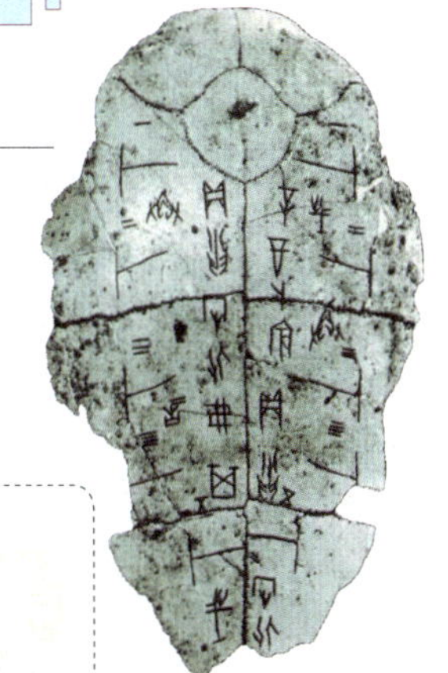

◎甲古文◎

## 文化拾遗

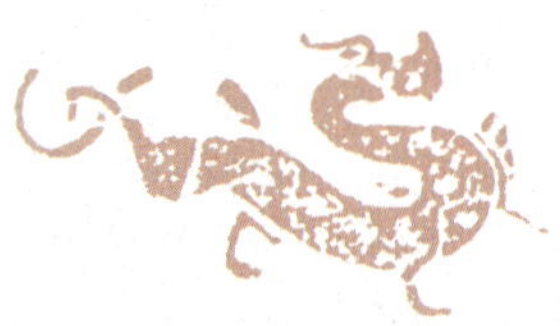

### 《辨鬼谷子》(柳宗元[1])

元冀好读古书[2]，然甚贤《鬼谷子》，为其指要几千言。《鬼谷子》，要为无取。汉时刘向、班固录书，无《鬼谷子》。《鬼谷子》后出，而险盭峭薄[3]。恐其妄言乱世，难信，学者宜其不道。而时之言纵横者，时葆其书工[4]。尤者，晚乃益出七术。怪谬异甚，不可考校；其言益奇，而道益陋。使人狙狂失守，而易于陷坠。幸矣，人之葆之者少。今元子又文之以《指要》，呜呼，其为好述也过矣！

#### [注解]

①柳宗元(773—819年)：唐朝著名散文家、思想家。其著作为《柳河东集》。

②元冀：生平不详。其所著《鬼谷子指要》也没有传世。

③险盭(zhòu)：乖戾。峭薄：刻薄，不厚道。

④葆：通“宝”，珍视。

## 智慧·谋略

本篇是《鬼谷子》关于决断疑难的方法。

对各种有疑虑的事情做出决断，在现实生活中有着举足轻重的作用，所以《鬼谷子》说："决情定疑，万事之基。"诸葛亮的《隆中对》，已预言天下三分的格局，主张先取荆州，然后占据四川，这是诸葛亮的决策。明代开国皇帝朱元璋接受谋臣的建议，提出"高筑墙，广积粮，缓称王"这一基本国策。这一决策，对建国初期明朝的巩固与发展起了重要作用。可见，正确的决策会推动一个历史时代的发展，或稳定政局，或富国强兵。而错误的决策，则可能导致丧权辱国，或使自己身败名裂。

万事万物的决策，都离不开事物存在的吉凶背景以及事物间错综复杂的联系。所以《鬼谷子》认为，替人决断事情，一定要以那个人心中的疑虑为依据。希望得到幸福、避免祸患，这是人之常情。因此，决断也要顺应人情、趋利避害。事物间存在着利益的因素，如果抛开这些利益那么谋略就不会被对方所接受。如果决策有利于求善的人，但隐托在让对方讨厌的表象下，那么决策就不会被接受，而且还会导致关系的疏远。

《鬼谷子》指出，圣人之所以能使他的事业取得成功，有五个因素：用公开的道德教化百姓，用隐秘的手段惩治坏人，用守信让百姓感到真诚，用蒙蔽的办法让人不知情，用平常心净化社会。

把握时机，看准形势，是事物成败的重要因素之一。因此，遇到问题当断则断，在一定的条件下能够决断的事情要迅速决断。《鬼谷子》认为，遇到以下六种情况"可则决之"：推断了以往，预测了未来，又考察了平日的；给王公大臣谋划事情，事情高雅又能获得美好声誉的；不用劳费心力就可以轻易获得成功的；有些要劳费心力、遭受辛苦，但不得不这样做的；排除忧患的事情；能导致福份的事情。勇于决断而又善于决断的人，谋事是肯

定会成功的。

在中国历史上，因老皇帝驾崩、新皇帝即位而出现危象是不罕见的，这时的决策往往影响到政局的稳定。1521年明武宗驾崩，张太后立即召见大学士杨廷和到行宫商议立储事宜。杨廷和请张太后屏去身边的人，说：“朝廷上一些臣子，听说皇上晏驾一定会谋变，请您事先防备此事。”张太后听后心中大惊，忙向杨廷和询问对策。杨廷和说：“此地耳目太杂，只有秘不发丧，先回到宫中再秘密商量此事。”回到宫中后，进行安排筹划，进来打探消息的两个太监也表示同意，杨廷和便来到内阁。杨廷和从衣袖中取出祖训，宣示众官：“兄终弟及，祖训昭然。兴献王长子，系宪宗孙，孝宗从子，皇帝从弟，按照顺序，当然继立。”随后即派人入启太后，不久，中官奉出遗诏和太后懿旨，定立兴献王长子朱厚熜嗣帝位。这时百官才知道明武宗已逝，但遗诏已下，帝统有归，即使不同意也是无益，大家只好含忍而去，任凭杨廷和发落后事。在明武宗驾崩、朝政不稳的复杂情况下，大学士杨廷和借皇太后的权威，采用“瞒天过海”之策，秘不发丧，而是暗中与太后商定嗣皇人选，一齐公布，百官在毫无准备的情况下，只好赞同，从而使朝政顺利度过了一场潜在的危机。

# 符言第十二

“符言”是《鬼谷子》的第十二篇。“符”是“符节”、“符契”，它是古代的重要凭信物。符节用竹木或金属制作，上面书写文字，然后剖为两半，朝廷与接受命令的人各持一半。对证时，两半相合，称为“符验”。本篇“符言”义为言辞与事实像符契一样吻合，也就是强调本篇的言辞都是经过验证、完全符合规律的言辞。

本篇分为九段，讲君主应该注意的九个问题，可以说是为君主治国安民而提出来的修养之术。

安涂正静[①]，其被节无不肉[②]。善与而不静[③]，虚心平意，以待倾损[④]。右主位[⑤]。

## 译文

身居君位的人，要能做到安详、从容、公正、沉静，既能节制又会怀柔，善于施与而不与人争利，内心谦虚，意志平和，以此来面对天下的纷争。以上为君主善守其位。

## 注释

①安：安详。涂：从容。正：公正。静：沉静。
②被节：赶上他人的节度。被，及、赶上。节，节度。肉：同“柔”。
③善：善于。与：给、给予。静：疑为“争”。
④待：对待。倾：倾轧、排挤。损：损害。
⑤右：古书为竖版排字，由右到左，右即为上。主：君主。位：权位、位势。

目贵明，耳贵聪[①]，心贵智。以天下之目视者[②]，则无不见；以天下之耳听者，则无不闻[③]；以天下之心思虑者[④]，则无不知[⑤]。辐辏并进[⑥]，则明不可塞[⑦]。右主明。

## 译文

眼睛最重要的是视力清楚，耳朵最重要的是听觉灵敏，心灵最重要的是智慧。如果用天下人的眼睛去观察一切，就没有什么看不到；如果用天下人的耳朵来听取一切，就没有什么听不到；如果用天下人的内心去思考一切，就没有什么不知道。如果能像车辐条集中于车毂上一样，把这些集于一身，就可明察一切，没有什么能蒙蔽。以上为君主的明察之道。

## 注释

①聪：听力好、听觉灵敏。
②以：用。
③闻：听到。
④思虑：思考。
⑤知：知道、懂得、了解。
⑥辐辏（còu）：车辐辏集于车毂，比喻人、物向一个中心集中。辐，车轮的辐条。辏，车轮的辐条集中于毂上。
⑦明：明察、视力敏锐。塞：堵塞、阻塞。

德之术曰[1]：“勿坚而拒之[2]。”许之则防守[3]，拒之则闭塞。高山仰之[4]，可极[5]；深渊度之[6]，可测[7]。神明之德术正静[8]，其莫之极。右主德。

## 译文

听取采纳意见的方法是：不要坚持己见而拒绝别人的意见。如果听从别人的意见，就会多一层自我保护的力量；如果拒绝别人的意见，就会堵塞言路，使自己闭塞不明。仰望高山，再高也是可以望见顶的；测量深渊，再深也是可以测到底的。而圣人的处事方法端正沉稳，是没有谁可以探测出他的高深的。以上为虚心纳谏之道。

## 注释

①德之术：“德之术”、“右主德”中之“德”为“听”，认为“德”为繁体字“聽”之误，此从。术，方法。
②勿：不要、别。坚：坚持。拒：拒绝。
③许：允许、答应。
④仰：仰望。
⑤极：至、到极点。
⑥度：测量、估量。
⑦测：量水的深度。
⑧神明：此指高明的人。正：端正。静：沉静。

用赏贵信[①]，用刑贵正[②]。赏赐贵信，必验耳目之所闻见[③]。其所不闻见者，莫不闇化矣[④]。诚畅于天下神明[⑤]，而况奸者干君[⑥]？右主赏。

## 译文

施行奖赏最重要的是讲信用，使用刑罚最重要的是公正。赏赐贵在守信，一定要用耳闻目睹的事实来验证。这样对于那些没有亲耳听到和亲眼看到的人，也有潜移默化的作用。君主的诚信如果能畅达天下，那么连神明也会来保护，又何惧那些奸邪之徒冒犯君主呢？以上为赏罚之道。

## 注释

①用：施行、使用。赏：奖赏。信：守信、讲信用。
②刑：刑罚。正：公正。
③验：验证。
④莫不：都，没有……不。闇（àn）：通“暗”。
⑤诚：诚信。畅：通畅、无阻碍。
⑥况：何况。奸者：邪恶诈伪的人。干（gān）：触犯，冒犯。

一曰天之[①]，二曰地之[②]，三曰人之[③]。四方、上下、左右、前后，荧惑之处安在[④]？右主问。

## 译文

一知天时，二知地利，三知人和。四方、上下、左右、前后的情况都了解得清清楚楚，还有什么疑虑的地方呢？以上为咨询之道。

## 注释

①天之：指天时。
②地之：指地利。
③人之：指人和。
④荧惑：迷惑。一说火星。安在：在安，在哪里？

心为九窍之治[①]，君为五官之长[②]。为善者[③]，君与之赏[④]；为非者[⑤]，君与之罚[⑥]。君因其所以求[⑦]，因与之，则不劳[⑧]。圣人用之，故能赏之。因之循理[⑨]，固能久长[⑩]。右主因。

## 译文

心是各种器官的主宰，君主是各级官吏的首长。做好事的官员，君主会给他们赏赐；干坏事的官员，君主会给他们惩罚。君主根据官员请求的原因，依据实际情况给予赏赐，这样就不会劳神费力。圣人重用他，所以能够奖赏他。随顺形势，遵循事理，所以才能长治久安。以上为遵规循理之道。

## 注释

①九窍：人的身体上共有九个小穴，即口、两耳、两眼、两鼻孔、二便孔，但通常都除掉二便孔而称为"七窍"。窍，孔洞、孔穴，古人认为窍是出入空气的小穴。

②五官：古代重要的五种官职的合称，《礼记·曲礼》："天子之五官，曰司徒、司马、司空、司士、司寇，典司五众。"长（zhǎng）：首位、首领。

③善：好的行为。

④与之：给他们。赏：赏赐、奖赏。

⑤非：不对、错误，引申为坏事。

⑥罚：惩罚。

⑦因：依据、根据。所以：……的原因。求：请求、要求。

⑧劳：辛苦、费力。

⑨因：随顺、顺着。循：遵循。

⑩固：通"故"。陶弘景注："故、固，古字通。"

人主不可不周[①]，人主不周，则群臣生乱[②]。家于其无常也[③]，内外不通[④]，安知所开。开闭不善[⑤]，不见原也[⑥]。右主周。

## 译文

国君不能不广泛了解外界事物，国君如果不能广泛地了解外界事物，那么群臣就会作乱。一切事物都在不断变化，内外没有交往，又怎么知道应该采取行动？如果不善于运用开合之术，就不能发现事物的根源。以上为通晓事理之道。

## 注释

①人主：国君。周：全面、周全，此指广泛知道世间的一切道理。陶弘景注："周谓遍知物理。"
②乱：叛乱。
③无常：变化无定。
④通：往来无阻。
⑤开闭：即捭阖。
⑥原：来源、起源。

一曰长目[①]，二曰飞耳[②]，三曰树明[③]。明知千里之外、隐微之中，是谓"洞"[④]。天下奸莫不闇变[⑤]。右主恭。

## 译文

用天下之眼看世界能看得更远，用天下之耳听四方能听得更清，用天下之心思万物能考虑得更周全。千里之外的情况、隐秘微小的事情，也都知道得很清楚，这就叫做"洞察一切"。那么，天下那些为非作歹的坏人都会暗暗地改变自己的恶劣行为。以上为洞察一切之道。

## 注释

①长目：犹如千里眼，用以眼观天下。
②飞耳：犹如顺风耳，用以兼听四方。
③树明：指能明察事物。
④是谓：此谓，这就叫做。洞：洞悉。
⑤莫不：都、没有……不。闇：通"暗"，暗暗。

湄名而为[①]，实安而完[②]。名实相生[③]，反相为情[④]。故曰：名当则生于实[⑤]，实生于理，理生于名实之德[⑥]，德生于和[⑦]，和生于当。右主名。

## 译文

按照名分去做事，名实相符就妥帖而完好。名和实相互生成，相互转化为至情至理。所以说，名分适当是从实际中产生的，实际是从事理中产生的，事理是从名实相符之道中产生的，名实相符之道是从和谐中产生的，和谐是从适当中产生的。以上为名实相符之道。

## 注释

①湄：依照、遵循。名：名分。为：做。
②安：安稳。完：完好、完整。
③实：实际。相生：相互生成。
④情：情理。
⑤当：适当。
⑥名实之德：指名实相符之道。
⑦和：和谐。

## 智慧·谋略

◎陶俑◎

本篇分为九段，讲君主应该注意的九个问题，可以说是为君主治国安民而提出来的修养之术。

第一段谈善守其位之道。《鬼谷子》认为，身居君位的人，要安详、从容、公正、沉静。要施恩惠于民而不要贪利夺取，得民心者得天下，民心向背决定了统治的基础。齐景公与晏婴登上柏寝台，齐景公望而兴叹道：“国家糜烂，以后天下属于谁呢？”晏婴答道：“可能会属于田成氏。”齐景公大吃一惊。晏婴继续说：“田成氏能掌握民心，常施恩于众。他借粟给百姓时用大斗量，百姓归还时他却用小斗量。杀牛时自己只取一盘肉，其余的分给家臣。主公您重夺取，而田成氏却厚施于民。齐国遭饥荒，饿殍遍野，可田成氏的属地却没有饿死的人，因此四方之民都希望到他所辖的地方去生活。所以说，

# 文化拾遗

## 《通志·艺文略》(郑樵[1])

纵横家:“《鬼谷子》三卷。皇甫谧注:‘鬼谷先生,楚人也。生于周世,隐居鬼谷。’又三卷,乐壹注。又三卷,唐尹知章注。又三卷,梁陶弘景注[2]。”

### [注解]

①郑樵(1103—1162年):南宋著名史学家。其代表作《通志》,是一部上起三皇五帝、下迄唐朝的纪传体通史。

②《通志》在四家注中,按时代顺序本应该把列在尹知章注之前的陶弘景注列在尹注之后,可见作者对陶注有怀疑,甚至没有看到陶注。

将来的天下可能为田成氏所有。”果不其然，后来田成氏统治了齐国。

第二段谈明察之道。《鬼谷子》认为，眼睛最重要的是视力清楚，耳朵最重要的是听觉灵敏，心灵最重要的是智慧。如果用天下人的眼睛去观察一切，用天下人的耳朵去听取一切，用天下人的心去思考一切，就什么都能看到，什么都能听到，什么都能知道。英明的决策，宏富的智慧，就来源于目、耳、心，如果能明察一切，没就有什么能蒙蔽。胡乞买任下蔡县令时，一天，有村民来县衙告状，说他家有瓜田五亩，瓜尚未成熟，昨夜被人把瓜的根藤破坏了，瓜田被毁。胡乞买亲自来到瓜田，看见瓜田附近还有七八家庄户人也是以种瓜为生，胡乞买猜想毁瓜者恐怕就是这些人。胡乞买让他们把各家常用的铁锹都拿来，他把各家的铁锹都一一舐过，发现有一把铁锹味苦。胡乞买又让随从舐过，也感觉有苦涩味。胡乞买便问道：“这把铁锹是谁的？”有一人慌忙答道：“是我家的。”胡乞买指着他厉声喝问道：“你为什么要弄坏别人家的瓜藤？”这个人惊呆了，只好叩头伏罪。原来，这个人与邻居都以种瓜为生，邻居的瓜早熟五天，先拿到市场上去卖，回回都能多赚钱。这个人气不过，便偷偷地把人家的瓜藤弄坏。胡乞买责令两家互换瓜田一年，让毁瓜者自食其果。胡乞买断案，不仅用目、耳、心，甚至用舌尝味，不放过一丝细节，明察秋毫，其洞察力着实让人佩服。

第三段谈虚心纳谏之道。《鬼谷子》主张：不要坚持己见而拒绝别人的意见。要广开言路，使决策者在判断外界事物时不失误。如果听从别人的意见，就会多一层自我保护的力量；如果拒绝别人的意见，就会堵塞言路，使自己闭塞不明。高山再高也是可以望见顶的，深渊再深也是可以测到底的。而圣人的处事方法端正沉稳，是没有谁可以探测出他的高深的。当年，魏征以正

言直谏闻名，而唐太宗李世民则是一个善于听取臣下意见的开明皇帝，魏征提出谏言、唐太宗接受谏言的事情历来被传为美谈。

第四段谈赏罚之道。《鬼谷子》认为，施行奖赏最重要的是讲信用，使用刑罚最重要的是公正，一定要用耳闻目睹的事实来验证。这是因为，奖赏是执政者所要推行和鼓吹的事，惩罚则是执政者戒令下属不能做的事，因此是鼓舞人心、扶正祛邪的重要手段。赏罚不明、赏罚不当，会使人无所适从，必然会引起人心混乱。如果赏罚上做到诚信、公正，连神明也会来保护，又何惧那些奸邪之徒冒犯君主呢？清朝道光年间，江忠源出任秀水知县，时值江浙一带发生水灾，刚上任的江忠源不得不全力以赴地办理赈灾事务。但由于拨给的赈济粮款不多，加上一些商人乘机抬高米价，激起了灾民的愤怒，走投无路的灾民哄抢了几家米店和一些富户，社会秩序一度混乱。江忠源先用武力对哄抢事件进行制止，捕捉了一百多个带头哄抢的人，并处死一名重犯以杀一儆百。然后，江忠源着手筹集赈灾钱款，以解决百姓的生计问题。面对当地大户的吝啬，江忠源下令把全县的绅士富户召集到城隍庙里，对他们说："今年水灾严重，灾民多，赈灾款少，希望在座诸位多捐钱粮。凡是多捐者，官府颁给'乐善好施'匾额一块，还发给'禁抢告示'一张，告示可张贴在大门口，若谁来哄抢，一律处死。还要披红挂彩，予以表扬。如果家中有钱而不捐钱粮，见死不救，也要送匾，上面书写'为富不仁某某人'，悬挂在这家的大门上，不准把匾隐藏起来。"这样一来，绅士富户压力很大，他们怕落下坏名声，又怕得不到官方的保护而遭到哄抢，就纷纷捐献粮款。几天时间，折合捐银达10万余两，解决了赈灾的难题。对于其他参与哄抢的人，江忠源考虑到他们是因为饥饿才去哄抢富户的，与正常时期犯法有所不同，决定从轻处理。江忠源巧用策谋，恩威兼顾，赏罚有度，不但使民心安定下来，控制了混乱的局面，也树立了自己的威信。

第五段谈咨询之道。《鬼谷子》强调，要知天时、地利、人和，要全方位地探究事物的各个方面，以发现事物的规律。如果大到宇宙的道理、小到身边的琐事都了解得清清楚楚，还有什么疑虑的地方呢？

第六段谈遵规循理之道。《鬼谷子》认为，心是各种器官的主宰，君主是各级官吏的首长。做好事的官员，要给他们赏赐；干坏事的官员，要给他们惩罚。随顺形势，遵循事理，才能长治久安。

第七段谈通晓事理之道。《鬼谷子》强调，要广泛了解外界事物以求处事周严，决策要周知人情事理以判断事之善恶，否则群臣就会作乱。一切事物都在不断变化，如果内外消息不通，就不知道应该采取行动。齐桓公曾称霸一时。管仲病重时，齐桓公前去询问谁可接替管仲，管仲一再强调不能重用竖刁、易牙等人。但管仲去世后，齐桓公不顾管仲的劝告，起用奸臣，终于酿成大祸，连齐桓公的尸体也无人收拾。考虑不周，用人不当，才致使大臣犯上作乱。

第八段谈洞察一切之道。《鬼谷子》强调，要用天下之眼看世界，用天下之耳听四方，用天下之心思万物，这样就能看得更远，听得更清，考虑得更周全。做到了洞察一切，那些为非作歹的坏人也不得不暗暗改变自己的恶劣行为。

第九段谈名实相符之道。《鬼谷子》强调，要按照名分去做事，名和实相互生成、相互转化，名实相符就妥帖而完好。名分适当是从实际中产生的，实际是从事理中产生的，事理是从名实相符之道中产生的，名实相符之道是从和谐中产生的，和谐是从适当中产生的。

## 文化拾遗

### 《郡斋读书志》(晁公武[1])

《郡斋读书志》卷十一：《鬼谷子》三卷，“右鬼谷先生撰。按《史记》，战国时隐居颍川阳城之鬼谷，因以自号。长于养性治身，苏秦、张仪师之。叙谓此书即授二子者。言捭阖之术，凡十三章，《本经》、《持枢》、《中经》三篇。梁陶弘景注。《隋志》以为苏秦书，《唐志》以为尹知章注，未知孰是。陆龟蒙诗谓鬼谷先生名，不详所从出。柳子厚尝曰：‘刘向、班固录书无《鬼谷子》。《鬼谷子》后出，而险戾峭薄，恐其妄言乱世，难信。尤者，晚乃益出七术，怪谬益甚，言益狭，使人猖狂失守。’来鹄亦曰：‘《鬼谷子》昔教人诡绐激讦，揣测憸滑之术，悉备于章旨。六国时得之者，惟仪、秦而已。如捭阖、飞钳，实今之常态。是知渐漓之后，不读鬼谷子书者，其行事皆若自然符合也。昔仓颉造字，鬼为之哭；不知鬼谷子作是书，鬼复何为哉？’世人欲知《鬼谷子》者，观二子之言略尽矣。故掇其大要，著之篇首。”

### [注解]

晁公武(生卒不详)：南宋初绍兴年间人。此人著述颇多，他的《郡斋读书志》一书开创了写有解题的目录学的先河。

# 转丸第十三（亡佚）

# 胠乱第十四（亡佚）

陶弘景注："《转丸》、《胠乱》二篇皆亡。或有取庄周《胠箧》而充次第者。按：鬼谷之书，崇尚计谋，祖述圣智。而庄周《胠箧》乃以圣人为大盗之资，圣法为桀、跖之失，乱天下者，圣人之由也。盖欲纵圣弃智，驱一代于混茫之中，殊非此书之意。盖无取焉。或曰：《转丸》、《胠箧》者，《本经》、《中经》是也。"

# 卷下

# 本经阴符七术

《鬼谷子》卷上、卷中共十四篇（今存十二篇），侧重于权谋策略及言谈辩论的技巧。《本经阴符七术》与后面的《持枢》、《中经》，道藏本编为《鬼谷子》卷下，有人称为外篇，集中于阐释养神蓄锐之道。

《本经阴符七术》由七篇组成，即《盛神》、《养志》、《实意》、《分威》、《散势》、《转圆》、《损兑》。前三篇说明如何充实意志、涵养精神。后四篇讨论如何将内在的精神运用于外，如何以内在的心神去处理外在的事物。

就《本经阴符七术》这一标题而言，“本”，意为“根本”、“本源”。“经”，意为“原则”。“阴”，意为“隐秘”；“符”，意为“符节”、“符契”；“阴符”，指客观事实与主观谋划暗合。“七术”，意为“七种方法”，指盛神、养志、实意、分威、散势、转圆、损兑。

《本经阴符七术》是《鬼谷子》中理论性较强的部分，与其他部分的风格也有很大区别。其中有很多道家、阴阳家的语言，具有浓厚的神秘色彩。

## 文化拾遗

### 《直斋书录解题》(陈振孙[①])

《鬼谷子解题》：战国时，苏秦、张仪所师事者，号鬼谷先生。其地在颍川阳城。名氏不传于世。此书，《汉志》亦无有。隋唐《志》始见之。《唐志》则直以为苏秦撰，不可考也。《隋志》有皇甫谧、乐壹二家注。今本称陶弘景注。

[注解]

①陈振孙(1183—1261年)：南宋著名目录学家。他的《直斋书录解题》一书，共著录图书51180卷，每部书都有解题，对于后世书目使用题解产生了巨大影响。

## 【一】盛 神

盛神法五龙[1]。盛神中有五气[2]，神为之长[3]，心为之舍[4]，德为之大[5]；养神之所，归诸道。道者，天地之始[6]，一其纪也[7]。物之所造，天之所生，包宏无形[8]。化气先天地而成[9]，莫见其形[10]，莫知其名，谓之神灵[11]。故道者，神明之源，一其化端[12]。是以德养五气[13]，心能得一[14]，乃有其术[15]。术者，心气之道，所由舍者，神乃为之使。九窍、十二舍者[16]，气之门户，心之总摄也[17]。

### 译文 

要使人的精神旺盛充沛必须效法五行之龙。旺盛的精神中包含着五脏的精气，精神是五气的统帅，心是五气的依托之所，德是五气的根本；凡属培养精神的地方，都归于道。道，是天地的开始，道产生“一”，“一”是万物的开端。它创造万物，产生自然界，包藏宇宙。化育之气在天地产生之前便生成了，没有谁能看见它的形迹，没有谁能知道它的名称，只好称它为“神灵”。所以说，道是神明的本源，“一”是化育天地的开端。因此，只有用品德涵养五气，心里能专心致志，才能获得道术。道术，是心气按规律活动的结果，精神是道术的使者。人体上的九窍、十二舍，都是五脏之气的出入口，都由心来总管。

## 注释

①盛：旺盛、强盛。神：精神。法：效法、取法。五龙：即五行之龙。所谓“五行”，是我国说明宇宙万物变化的传统学说，认为在天地之间有循环流转不停的金、木、水、火、土，万物就是根据这五种元素而产生。龙是古代想象中的灵兽，具有超人的能力。

②五气：指心、肝、脾、肺、肾等五脏之气，在人体中具有生命力、意志、感情；一说五脏之气。指神、魂、魄、精、志。

③长（zhǎng）：统帅、首领。

④舍（shè）：居舍、客舍。

⑤大：陶弘景注：“德能制御故为之大。”

⑥始：开始、起头。

⑦纪：丝的头绪，此指开端。

⑧无形：宇宙。

⑨化气：化育之气。先：先于、在……之前。

⑩莫：没有谁。形：形迹。

⑪谓之：称他为。

⑫端：开端、开始。按老子的哲学，道生一，一生二，二生三，三生万物。

⑬是以：以是，所以、因此。

⑭浔一：专一。

⑮乃：才。

⑯十二舍：是指目、耳、鼻、舌、身、意、色、声、香、味、触、事等而言。

⑰总摄：总揽、统摄。

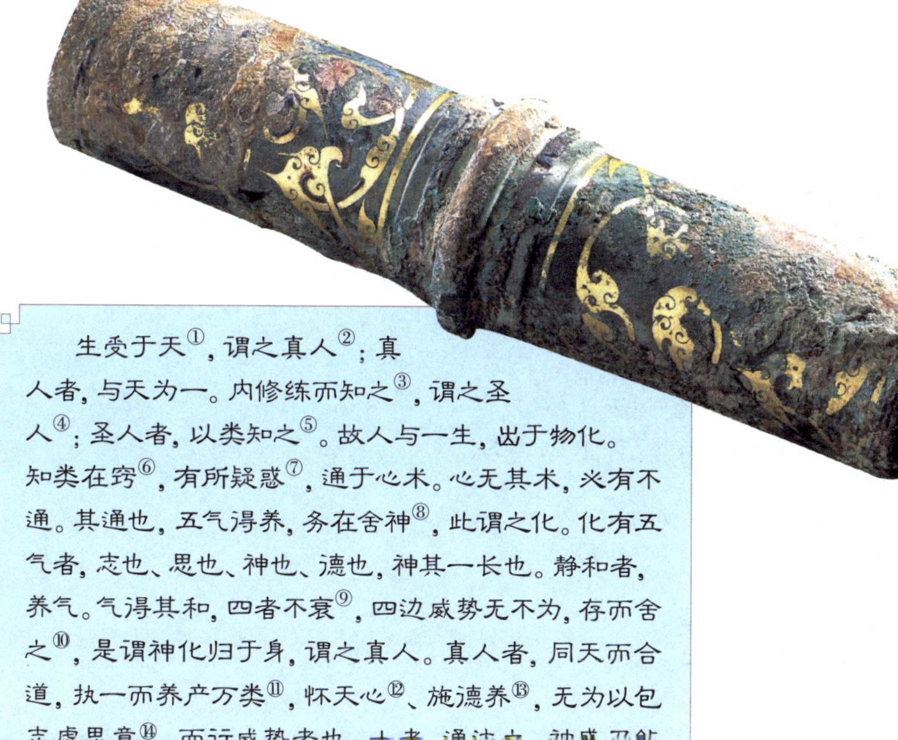

生受于天[1]，谓之真人[2]；真人者，与天为一。内修练而知之[3]，谓之圣人[4]；圣人者，以类知之[5]。故人与一生，出于物化。知类在窍[6]，有所疑惑[7]，通于心术。心无其术，必有不通。其通也，五气得养，务在舍神[8]，此谓之化。化有五气者，志也、思也、神也、德也，神其一长也。静和者，养气。气得其和，四者不衰[9]，四边威势无不为，存而舍之[10]，是谓神化归于身，谓之真人。真人者，同天而合道，执一而养产万类[11]，怀天心[12]、施德养[13]，无为以包志虑思意[14]，而行威势者也。士者，通达之，神盛乃能养志[15]。

## 译文

直接从上天获得道的人，叫做真人；真人，原本与上天合为一体。通过专心学习修炼而明白道的人，叫做圣人；圣人，是通过类推而明白道。所以，人与宇宙共生，出于万物的演化。人类了解各类事物都是通过器官的感知，如果还有疑惑不解的地方，要通过心的思考并运用道加以判断。心中没有道术，一定有不通达的地方。通达之后，五脏精气就得到培养，这时一定要使精神保持安宁，这就叫做“化”。化育五气，要靠意志、思维、精神和德行，其中精神是主帅。宁静平和，就能养气。精气得以和谐，意志、思维、精神和德行就不会衰败，向四方散发的威势就能够无所不为，长存不散，这便叫做神化的境界归于一身，这样的人叫做真人。所谓真人，就是跟天同体与道合一，坚守万物生于一的自然规律而养护万物，怀着上天之心，施行道德，用无为之道包容意志和思想并散发出威势的人。游说之士一般能通晓这个道理，精神旺盛充沛才能培养志向。

## 注释

①受于天：由上天传授到人间。
②谓之：称为、叫做。真人：指返璞归真的人。
③内修练：内心修炼，发愤读书。练，通“炼”。
④圣人：指道德智能极高的人；虽然如此，但圣人必须经过修炼、有学问之后才能明道，所以比真人要低一个层次。
⑤以类知之：见一知类，触类旁通。
⑥窍：九窍，指人的各种感觉器官。
⑦有所：有什么……、有……的地方。
⑧务：务必、一定要。舍：停留、休息。
⑨四者：指志、思、神、德。衰：衰败、衰落。
⑩存：留存、保存。
⑪执：守、坚持。万类：万物。
⑫怀：心里藏着（某种思想感情）。
⑬施：施行。
⑭无为：顺应自然的变化。
⑮乃：才。养：培养。志：志向。

## 智慧·谋略

“盛神”篇取篇首二字为题，“盛神法五龙”是《本经阴符七术》的第一术。“盛神”就是使精神旺盛充沛，想做到这一点就要效法“五龙”。

《鬼谷子》认为，人的身体中包含着五气，即心、肝、脾、肺、肾等五脏之气。五脏之间关系密切，相生相克，互为利用，共同构成人体赖以生存的生命基础。精神是五气的统帅，心灵是五气的依托之所，德是五气的根本；只有用品德涵养五气，心能专心

# 文化拾遗

## 《鬼谷子辨》(宋濂[1])

《鬼谷子》三卷，鬼谷子撰，一名玄微子。鬼谷子无姓名、里居，战国时隐颍川阳城之鬼谷，故以为号。或云王诩(诩一作“翊”)者，妄也。长于养性治身，苏秦、张仪师之，受捭阖之术十三章，又受《转圆》、《胠箧》及《本经》、《持枢》、《中经》三篇。《转圆》、《胠箧》今亡。梁陶弘景注。刘向、班固录书，无《鬼谷子》；《隋志》始有之，列于纵横家。《唐志》以为苏秦之书。

### [注解]

①宋濂(1311—1381年)：明朝初年散文家，被誉为“开国文臣之首”。他站在正统立场，对《鬼谷子》持完全否定的态度。

致志，才能获得道术。鬼谷子在本篇中指出了积蓄力量的问题。盛神，就是积极努力、积蓄力量的过程。要加强内功修炼，积累经验，磨练意志，增强竞争能力。在时机不成熟时，要等待时机；在时机成熟时，以保证锐不可当，达到预定的目的。

汉高祖刘邦死后，朝廷大权落到吕后的手里。吕后不但把吕家的人安插到各个要害部门，还想封诸吕为王。右丞相王陵反对道："高祖曾留下遗言：不是刘家的人想封王，天下共击之！"吕后很不高兴，找茬罢免了王陵。吕后又去问左丞相陈平，陈平却支持了吕后的意见，吕后高兴地把自己的兄弟封为王。王陵知道后很生气，责备陈平说："你我都是高祖手下的老臣，你怎么违背高祖的遗言，同意封诸吕为王？这样做对得起高祖吗？"实际上，陈平是鉴于当时吕氏兄弟气焰正盛，又有吕后的庇护，认为反对的时机还不成熟，所以才暂时作了妥协。陈平不便于把此意和盘托出，只好意味深长地说："在朝廷上当面反驳抗争，我比不上您；安定天下，保全刘家江山，您不一定比得上我。"于是，陈平在暗中谋划着如何除掉诸吕，但诸吕手里握着兵权，这让陈平感到为难。陆贾给他出主意说："太尉周勃是开国老臣，在军队威望很高，如果能得到他的支持，就会有掌握军权的把握。"其实，周勃早就看不惯诸吕的行为，也积极参与到倒吕的活动中。公元前180年，吕后病死，相国吕产、上将吕禄看到大树已倒，怕夜长梦多，加紧了篡权的步伐。齐王刘襄听说这个情况，在山东起兵，发布讨吕檄文。太尉周勃在军队中很有影响，但没有兵权，调动一兵一卒都要由吕禄来决定。陈平得知郦寄与吕禄的关系十分密切，就和周勃密谋劫持了郦寄的父亲，要挟郦寄去向吕禄进行游说。吕禄一向把郦寄视为心腹，但吕家其他人的反对让吕禄犹豫不决。此时，又传来灌英与齐王合兵来讨的消息，迫使吕禄不得不交出兵权。周勃掌握了兵权，对诸吕采取了军事行动，吕家势力立刻土崩瓦解。陈平等人废掉了吕后定的皇帝，迎立代王刘恒为皇帝，就是汉文帝。陈平、周勃等老臣，用自己的智慧和胆识，积蓄力量，战胜诸吕，再次使汉室江山稳定下来。

# 【二】养志

养志法灵龟[①]。养志者，心气之思不达也。有所欲[②]，志存而思之。志者，欲之使也[③]。欲多则心散，心散则志衰，志衰则思不达。故心气一[④]，则欲不遑[⑤]；欲不遑，则志意不衰；志意不衰，则思理达矣。理达则和通，和通则乱气不烦于胸中[⑥]。故内以养志，外以知人[⑦]；养志则心通矣，知人则职分明矣[⑧]。将欲用之于人，必先知其养气志。知人气盛衰，而养其志气；察其所安[⑨]，以知其所能。

## 译文

培养志向要效法有灵性的龟。之所以要培养志向，是因为不这样思维便不能畅达。如果有了欲望，就会存在心里想着去满足欲望。所以说，志向受到了欲望的驱使。欲望多了，心力就会分散，心力分散了，志向就会衰弱，志向衰弱了，思维就不会畅达。所以，心神专一，欲望就不会多；欲望不多，志向就不会衰落；志向不衰落，思路就会通畅了。思路通畅，就会心和气顺，心和气顺，乱气就不会在心中烦扰。所以，对内要培养自己的志向，对外要了解他人；培养志向就会心气通畅，了解他人，职责就会明晰了。如果想用来考察人，一定要先知道他是如何培养志气的。了解他人志气盛衰的情况，就可以培养他的志气；观察他人的心志是否安稳，就能以此了解他的才能。

## 注释

①养志法灵龟：因为志是判断是非的，使用占卜用的龟甲能判断吉凶，因此才必须效法灵龟。灵龟，指用来占卜的龟。

②欲：欲望。

③使：驱使、役使。

④一：专一。

⑤遑：此为“多”的意思。

⑥胸中：心中。

⑦知：了解。人：他人、别人。

⑧职分：职责。明：明晰、显明。

⑨安：安稳。

志不养，则心气不固[1]；心气不固，则思虑不达[2]；思虑不达，则志意不实[3]；志意不实，则应对不猛[4]；应对不猛，则志失而心气虚；志失而心气虚，则丧其神矣[5]。神丧，则仿佛[6]；仿佛，则参会不一[7]。养志之始[8]，务在安己[9]；己安，则志意实坚；志意实坚，则威势不分[10]。神明常固守，乃能分之[11]。

## 译文

不培养志向，心气就不会稳固；心气不稳固，思路就不会通畅；思路不通畅，意志就不会坚定；意志不坚定，言语应对就不会果断；言语应对不果断，就是丧失志向和心气衰弱的表现；丧失志向、心气衰弱，就说明他的精神颓丧了。精神颓丧，就会陷入恍惚不清的状态；恍惚不清，意志、心气、精神三者就不会协调一致。培养志向的起始阶段，一定要使自己的内心安定；自己的内心安定了，志向意愿就会充实坚定；志向意愿充实坚定了，威势就不会分散。持之以恒地固守神明，就能分散对手的威势。

## 注释

①固：稳固、安定。

②达：通、通畅。

③实：坚定、坚实。

④应对：用言语酬答、对答。猛：勇猛，此为果断。

⑤丧：丧失、失去。

⑥仿佛：好像、似乎、见不真切。

⑦参会：指志、心、神三者交会。参（sān），同“三”。一：统一、一致。

⑧初：开始、起头。

⑨务：务必、一定要。

⑩分：分散。陶弘景注：“谓散亡也。”

⑪乃：就。分：陶弘景注：“谓我有其威而能动彼。”

## 智慧·谋略

“养志”篇取篇首二字为题，“养志法灵龟”是《本经阴符七术》的第二术。

《鬼谷子》主张培养志向要效法有灵性的龟，要像灵龟那样调理气息，养护心志，精神内守。如果不培养志向，心气就不会稳固，思路就不会通畅，意志就不会坚定，言语应对就不会果断，这就是丧失志向和心气衰弱的表现。说明他的精神颓丧了，就会陷入恍惚不清的状态，意志、心气、精神就不会协调一致。

《鬼谷子》强调，人的心智最贵凝神守一，要志向专一。俗话说：“有志者立长志，无志者常立志。”说的就是这个道理。欲望多了心力就会分散，志向就会衰弱，思维就不会畅达。所以，心神专一欲望就不会多，志向就不会衰落，思路就会通畅，就会心和气顺，乱气就不会在心中烦扰。

《鬼谷子》认为，对内要培养自己的志向，对外要了解他人。养志则神通畅，知人则善于任用他人。用来考察人，一定要先知道他是如何培养志向的。了解他人志气盛衰的情况，观察他人的心志是否安稳，就能以此了解他的才能，从而知道他能担当什么角色。

# 文化拾遗

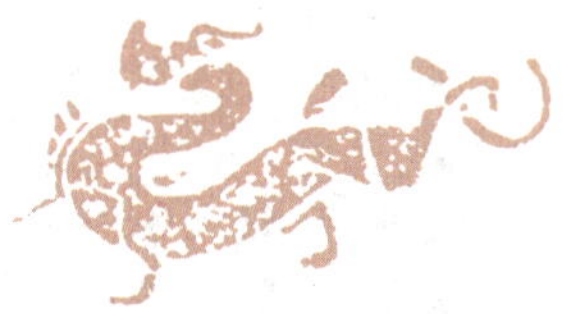

## 《升庵集》(杨慎[1])

《汉书·艺文志》:"《鬼容区》三篇。"注:"即鬼臾区也。"[2]《郊祀志》:"黄帝得宝鼎,冕侯问于鬼臾区"云云,注:"即鬼容区。'容'、'臾'声相近。"今案:"鬼谷"即"鬼容"者,又字相似而误也。高似孙《子略》便谓《艺文志》无《鬼谷子》,何其轻于立论乎?"

### [注解]

①杨慎(1484—1559年),字升庵,明朝著名文学家、学者。

②《鬼臾区》:《汉书·艺文志》的"兵书略"的"兵阴阳"部分,著录《鬼臾区》三篇,明确注明鬼臾区是"黄帝臣"。

贤明仁厚的尧担任部落联盟的首领几十年，老了以后力不从心，想选一个接替他的人。有人向尧推荐尧的嗣子丹朱，尧说："丹朱是个很不虚心的人，又好争论一些无原则的是非，这样的人不会老老实实为人民做事，不可用。"尧又问四岳："你们哪一个能接替我的工作？"四岳都说自己才能不够，不能担此重任。尧让他们推荐其他人选，标准是才能兼优。四岳推荐了冀州的平民舜，说舜"母亲早逝，父亲瞽叟双目失明。靠种田捕鱼为生，勤劳、诚恳、朴实，特别是家庭关系处理得很好。舜有个弟弟叫象，为后母所生。后母不讲礼，弟弟很傲慢，父亲听后母挑唆，几次想把舜弄死，但舜仍然对父母很孝顺，对弟弟很友爱。这种人一定可以担当大任。"尧认为可以，就把两个女儿娥皇、女英嫁给舜为妻，又让九个儿子和舜一起工作，以便观察舜的为人。舜要求妻子孝敬公婆，尽儿媳的职责，关照弟弟，尽大嫂的本分，并没有因为妻子出身高贵而破坏家庭的规矩。舜对尧的儿子要求都很严格，一点也不迁就。历山的农民在耕作时，出现越出田界而侵占别人土地的情况，舜就到那里去开荒种地。他和气谦让，在他的影响下，那些耕种的农民都能互让田界、融洽相处。河边打鱼的人争抢水中的高地，以便于打鱼和休息，舜就到那里去打鱼。他大度包容，在他的影响下，打鱼的人不再争执而尊让长者。东夷人制作的陶器粗劣不结实，舜就到那里去制作陶器。他仔细认真，有一点不合格就重新做，在他的影响下，那些陶工不再马虎对付，制作的陶器变得精致而结实。舜的品德在社会上产生了很大的感召力，大家都愿意亲近他。经过一段时间的考察，尧认为舜的品德确实好，应对棘手的事情很有办法，就让舜帮助他掌管行政方面的一些事务。舜帮助尧办理政事，不论做什么，都做得井井有条，受到各部落的首领和远方来朝宾客的尊敬。经过几年的考察，尧认定舜可以做他的接班人，就把部落联盟首领的位置让给了舜。正是因为尧了解舜的心志状态，知道他的能力，才做到了知人善任。

◎护心镜◎

# 【三】实意 

实意法螣蛇[1]。实意者，气之虑也[2]。心欲安静，虑欲深远。心安静则神策生[3]，虑深远则计谋成[4]。神策生则志不可乱，计谋成则功不可间[5]。意虑定则心遂安，心遂安则其所行不错[6]，神自得矣[7]，得则凝[8]。识气寄[9]，奸邪而倚之[10]，诈谋而惑之[11]，言无由心矣[12]。故信心术[13]，守真一而不化[14]，待人意虑之交会[15]，听之候之也。计谋者，存亡之枢机[16]。虑不会，则听不审矣[17]，候之不得。计谋失矣，则意无所信[18]，虚而无实。

## 译文

想要坚定意志就要效法螣蛇。坚定的意志，产生于气的思考活动。心境要宁静，思虑要深远。心境宁静神策就会产生，思虑深远计谋就会成功。神策产生志向就不会紊乱，计谋成功了，事业的成功就没有了阻碍。意志和思虑安定，那么心绪就会安详，心绪安详了他所做的就不会有差错，精神上就会有所感悟，精神上感悟了就能专注集中。如果胆识、心气都是暂时依附在这里，奸邪就会乘机而入，奸诈邪说就会迷惑人心，所说的话也不会是用心思考的了。所以，要使心术真诚，在于信守纯真而不变化，等待别人坦露思想而与之交流，要倾听并等候它。所谓“计谋”，是国家存亡的关键。如果思想不能交融，听到的情况就不会周详，即使等候也不会得到。计谋失误，意志就没有什么办法去信守，成为虚而不实的东西。

## 注释

①实意：坚定意志。螣（téng）蛇：传说中一种能飞的蛇。
②虑：思虑、考虑。
③生：诞生、产生。
④成：成功。
⑤间（jiàn）：间隔。
⑥错：误、错误。
⑦自得：自己有所体会。
⑧疑：集中、专注。
⑨识：胆识、见识。气：心气。寄：依附、寄居。
⑩倚：依托、依赖。
⑪惑：迷惑。
⑫无：不。由：从。
⑬信：真诚、诚实。
⑭守：坚守、固守。真一：纯真、专一。
⑮交会：交合、会合。
⑯枢机：关键。转动门户的轴叫枢，启动发射的装置叫机。
⑰审：详细、周密。
⑱无所：没有什么办法。

故计谋之虑①，务在实意②，实意必从心术始。无为而求③，安静五脏④，和通六腑⑤，精神魂魄固守不动，乃能内视⑥、反听、定志，虑之太虚，待神往来。以观天地开辟⑦，知万物所造化⑧，见阴阳之终始，原人事之政理⑨。不出户而知天下⑩，不窥牖而见天道⑪。不见而命⑫，不行而至，是谓“道知”⑬。以通神明，应于无方，而神宿矣⑭。

## 译文

所以计谋的谋划，一定要重在坚定意志，坚定意志一定要从心术开始。如果能做到自然无为地处事，使得五脏和谐，六腑通畅，精、神、魂、魄都固守纯真而不为外界所动，就能对内自我省察，对外听取他人意见、坚定志向，使思想达到毫无杂念的空灵境界，等待与神明相往来。以此观察天地的变化，了解万物产生演化的规律，发现阴阳的兴衰过程，探索人世间治国安邦的道理。如果能这样，不出门就可以知晓天下大事，不从窗户往外看就能了解自然界的变化规律。不用亲眼看见就能为之命名，不用推行就能达到目的，这就叫做“依据道而得知”。以此与神明交往，应用于无穷的世界，精神就会安稳而永驻。

## 注释

①虑：谋划。
②务：务必、一定要。
③无为：顺应自然的变化。
④五脏：心、肝、肺、脾、肾五个脏器的总称，中医学认为五脏具有藏精气的功能。
⑤六腑：胆、胃、小肠、大肠、三焦、膀胱六个脏器的总称，具有消化、吸收、排泄食物的功能。
⑥乃：就。内视：自我省察、自我反省。
⑦观：观察、细看。
⑧知：了解。造化：创造化育。
⑨原：推究。
⑩户：单扇的门，此泛指门。
⑪窥：从小孔、缝隙或隐蔽的地方看。牖（yǒu）：此泛指窗。
⑫命：名、给……命名。
⑬道知：依据“道”而得知、依据规律而得知。陶弘景注：“然则道知者，岂用知而知哉。”
⑭宿：住宿。

## 智慧·谋略

“实意”篇取篇首二字为题，“实意法螣蛇”是《本经阴符七术》的第三术。

《鬼谷子》主张，想要坚定意志就要效法能自由飞腾的螣蛇。心境要宁静，思虑要深远。心境宁静就会产生神策，因而志向也就不会紊乱。思虑深远计谋就会成功，因而事业的成功也就没有了阻碍。意志和思虑安定，心绪就会安详，他所做的就不会有差错，精神上就会有所感悟，就能专注集中。《鬼谷子》认为，计谋的谋划一定要重在坚定意志，坚定意志一定要从心术开始。要使心术真诚，在于信守纯真而不变化，对内要自我省察，对外听取他人意见。以此观察天地的变化，了解万物产生演化的规律，探索人世间治国安邦的道理。依据规律，而得知天下的大事。而计谋失误，意志就没有什么办法去信守，成为虚而不实的东西。

常言所说的“人无远虑，必有近忧”，体现的正是鬼谷子“虑欲深远”的思想。不考虑长远的利益，就不能谋划好当前的问题；不考虑全局的利益，就不能处理好局部的问题。谋虑深远的成功，需要对自身条件和对方情况有个客观的认识，掌握事物发展变化的可能和趋势。做到知人所不知，见人所不见，从而赢得先机之利。鬼谷子特别强调谋略的重要作用：“计谋者，存亡之枢机。”谋划的实施，一定要事先做好相应的准备，制定稳妥的方案和实施步骤，考虑周全，谋划好了再实施，决不能鲁莽行动。要善于从实际出发，充分考虑有利因素和不利因素，全面预测可能出现的各种情况，从而保持主动，使计谋获得成功。

春秋时期，楚襄王做太子时，曾在齐国当人质。楚怀王死后，楚襄王要回国继承王位。齐王乘机要挟他，提出以楚国东部的五百里土地作为交换条件，否则不放他回国。楚襄王向身边随臣慎子求教，慎子认为：回国即位是大事，不妨先答应齐国的要求，剩下的问题以后再说。楚襄王回国即位不久，齐国便派使者带着五十辆兵车，来楚国索要楚襄王先前答应的五百里土地。楚襄王很为难，召集群臣商议对策。子良先入见，说：“不能不给。身为君主，金口玉言。过去已经答应给，现在不给是不讲信用。那样，以后在诸侯国中也难以取信。应当先给他，然后再出兵夺回来。先给他，表明我们言而有信。再夺回来，证明我们武力强大。”接着昭常入见，说：“不能给。我们楚国之所以号称万乘之国，是因为地盘广大，如果割去东部五百里土地，楚国就去掉了一半，难道不是徒有万乘之名而无万乘之实吗？请让我领兵去镇守东部边境。”景鲤在昭常之后入见，说：“不能给。不过，以楚国自己的力量也难以守住。不如答应给他，以践约守信。请大王再派我去向秦国求救，助我守地。”慎子最后入见，对楚襄王说这三个人的意见都可采用，并献计说：“大王可先让子良前往齐国献地；第二天，派昭常去东部镇守；第三天，再派景鲤去向秦国求救。”楚襄王依计而行。子良到齐国告知了楚襄王同意献地之事，但当齐国派兵去接管时，却见昭常带兵在那里驻守。齐王闻之，就责问子良。子良说：“我奉楚王之命前来献地是真，昭常不给是有违君命。请大王出兵攻打昭常就是了。”齐王于是大举兴兵，但还没到楚国边界，秦国已出动五十万大军兵临齐国。秦军统帅派使者对齐王说：“当初楚太子要归国继承王位，齐国乘机要挟索要土地，这是不仁；如今又出兵要强行攻占楚国土地，这是不义。齐国如果退兵便罢，否则，我就要攻打齐国。”齐王怕后方有失，只好让子良回归楚国，并派使者赴秦讲和。结果，楚国既保住了东部五百里国土，又没有失义于天下。子良、昭常、景鲤三人的计谋，各有不同。慎子却能各取其长，互为补充，变成一个确保国土的上上策。一谋统三计，慎子不愧为大智之人。楚襄王遇有疑难，能采众臣之议，用慎子之谋，谋定而后动，不失为明智之举。

## 文化拾遗

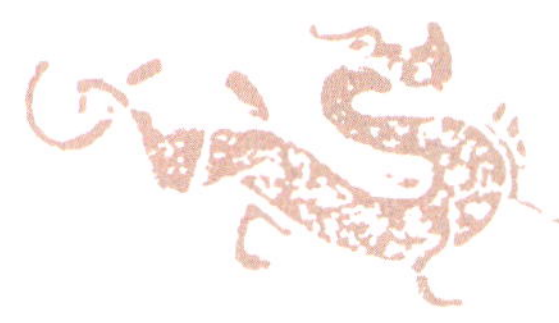

### 《四部正讹》(胡应麟[①])

《鬼谷子》，《汉志》绝无其书，文体亦不类战国。晋皇甫谧序传之。案：《汉志》纵横家有《苏秦》三十一篇，《张仪》十篇；《隋经籍志》已亡。盖东汉人本二书之言，荟萃附益为此；或即谧手所成，而托名鬼谷，若子虚、亡是云耳。《隋志》占气家又有《鬼谷》一卷，今不传。又，关尹傅亦称鬼谷，见《隋志》。

《鬼谷》，纵横之书也。余读之，浅而陋也。

#### [注解]

①胡应麟(1551—1602年)：明朝著名学者、藏书家。著作有《少室山房笔丛》等。

# 【四】分威 

分威法伏熊[1]。分威者，神之覆也[2]。故静意固志，神归其舍[3]，则威覆盛矣[4]。威覆盛，则内实坚；内实坚，则莫当[5]；莫当，则能以分人之威而动其势，如其天。以实取虚[6]，以有取无，若以镒称铢[7]。故动者必随，唱者必和[8]。挠其一指[9]，观其余次[10]，动变见形[11]，无能间者[12]。审于唱和[13]，以间见间[14]，动变明而威可分也。将欲动变，必先养志伏意以视间[15]。知其固实者[16]，自养也。让己者[17]，养人也。故神存兵亡，乃为之形势。

## 译文

分散隐藏威势，要效法攻击前潜伏不动的熊。所谓分威，就是把自己的神威隐藏起来。所以，要平心静气地坚定自己的志向，使精神集中，那么威势就因隐藏而更加强劲了。威势因隐藏而强劲，内心就会充实坚定；内心充实坚定，威势就没有谁能够抵挡；没有谁能抵挡，就能用分散他的威力来震动他的气势，像天一样覆盖。用坚实去对付虚无，用有威力去对付无威力，就像用镒来称量铢一样轻而易举。所以，只要一行动就一定有人跟随，一倡导就一定有人附和。只要弯一个手指头，就可以观察到其余手指，活动和变化的情形都能看到，不能离间这种关系。仔细观察倡导与附和的情况，以离间的办法发现间隙，行动目的明确而威势就可以隐藏起来了。自己想要活动变化，一定要先培养志向，隐蔽意图以暗中观察对方的漏洞。懂得坚守自己意志的人，是养护自己。自己谦逊退让，是使别人驯服。所以要让精神交往发展而武力对抗消亡，这就是所要实现的形势。

## 注释

①分威：分散威势、隐藏自己的威势。伏熊：想要进行偷袭的熊，先要把身体伏在地上，然后才采取行动。
②覆：覆盖、遮盖。
③神归其舍：精神归于其所居之舍。
④盛：旺盛、强劲。
⑤莫：没有。当：抵挡、挡住。
⑥取：攻取、夺取。
⑦若：如、像。以镒称铢：指以重取轻。以，用。镒，古代重量单位，一镒为二十四两（一说为二十两）。称，称量、量轻重。铢，古代重量单位，二十四铢为一两。
⑧唱：领唱，此指首倡、倡导、带头。和（hè）：和谐地跟着唱，此指附和。
⑨挠：曲、弯曲。
⑩余次：其他。
⑪动变见形：活动变化见于外形。
⑫间：离间。
⑬审：详察、细究。唱和：歌唱时此唱彼和，此指倡导与附和的情况。
⑭以间见间（jiàn）：以离间的办法发现间隙。前“间”为离间，后“间”为缝隙、间隙。
⑮间：缝隙、间隙。
⑯固：坚持、安守。
⑰让：谦让、退让。

## 智慧·谋略

“分威”篇取篇首二字为题，“分威法伏熊”是《本经阴符七术》的第四术。

《鬼谷子》主张：隐藏自己的实力、遮掩自己的神威，要效法熊在攻击前的潜伏不动。坚定自己的志向，使精神集中，威势就会因隐藏而更加强劲。能如此，内心就会充实坚定，威势也就没有谁能够抵挡。《鬼谷子》强调，一个人在行动之前，一定要先培养志向，隐蔽意图以暗中观察对方的漏洞，然后以外柔内刚的气势击垮对手。这就有如以实取虚、以重击轻，最后取得胜利是轻而易举的。懂得坚守自己意志的人，是养护自己。自己谦逊退让，是使别人驯服。

三国时期，曹操“青梅煮酒论英雄”，刘备“巧借闻雷来掩饰”，曹操暗暗发起攻势，试探刘备；刘备则随机应变，遮掩住神威。这段大家熟知的情节正是《分威》篇最好的注解。

唐宪宗时期，有少数民族部族进攻中原地区，唐宪宗下令调动南梁军队驻镇。南梁军队刚要出发，军人反叛并赶走了他们的统帅，聚集起来抗拒王命。这种状况持续了一年多，唐宪宗为此深感不安。京兆尹温造请求单人匹马前往处理此事。南梁人看到只来了一个儒生，温文尔雅，对温造的到来就没当一回事。温造只宣读了皇帝的诏书，安抚问候大家，对作乱的事一句也没提，仿佛此事没有发生一样。南梁军队中那些挑头作乱的人全副武装，进进出出，温造也全当没看见。一天，温造在操场中设置乐队演奏乐曲，南梁军人都来到操场听乐曲。温造又安排南梁军人在长廊下面吃饭，饭桌的前面正对着长廊的台阶。南北两行拴了两根长绳，温造让军人把自己的刀剑等武器挂在面前的长绳上，然后吃饭。酒宴刚刚开始，忽然一声鼓响，温造手下的人站在长廊的台阶上，从两头拉起两根绳子，南梁军人的刀剑一下子离开地面三丈多高。南梁军人拿不到自己的武器，马上就乱了起来，没有办法施展他们的勇武。温造命令手下斩了这些叛乱的军人。温造好似既往不咎，若无其事的态度稳住了乱军，等他们松懈之后再突然袭击，一举将他们歼灭。温造这一计策，正是效法熊在攻击前的潜伏不动，选择时机，一举平复了乱军。

## 文化拾遗

### 《鬼谷子提要》(纪昀等[1])

案《鬼谷子》，《汉志》不著录；《隋志》纵横家有《鬼谷子》三卷，注曰："周世隐于鬼谷。"《玉海》引《中兴书目》曰："周时高士，无乡里、族姓、名字，以其所隐，自号鬼谷先生。苏秦、张仪事之，授以《捭阖》至《符言》等十有二篇，及《转丸》、《本经》、《持枢》、《中经》等篇。"因《隋志》之说也。《唐志》卷数相同，而注曰苏秦。张守节《史记正义》曰："鬼谷在洛州阳城县北五里。"《七录》有《苏秦书》[2]，乐壹注云："秦欲神秘其道，故假名鬼谷。"此又《唐志》之所本也。胡应麟《笔丛》则谓《隋志》有苏秦三十一篇、张仪十篇，必东汉人本二书之言，荟萃为此，而托于鬼谷，若子虚、亡是之属。其言颇为近理，然亦终无确证。《隋志》称皇甫谧注，则为魏晋以来书固无疑耳。

#### [注解]

①纪昀(1724—1805年)：清朝著名学者。乾隆年间主持《四库全书》编撰。这是《四库全书总目提要》中对《鬼谷子》一书的提要。

②《七录》：南朝萧梁时阮孝绪所撰写的一部有关图书分类目录的专著。全书内篇有经典录、记传录、子兵录、文集录、技术录，外篇有佛录、道录，共七录。原书已经失传，有关资料见《广弘明集》的"阮孝绪"条。

# 【五】散势

散势法鸷鸟[1]。散势者，神之使也[2]。用之，必循间而动[3]。威肃、内盛，推间而行之[4]，则势散。夫散势者，心虚志溢[5]。意衰威失，精神不专，其言外而多变。故观其志意为度数，乃以揣说图事[6]，尽圆方，齐短长。无间则不散势，散势者，待间而动，动而势分矣。故善思间者，必内精五气，外视虚实，动而不失分散之实[7]。动则随其志意，知其计谋。势者，利害之决，权变之威。势败者，不以神肃察也。

## 译文

分散敌人的威势要效法迅猛的鸷鸟。分散敌人的威势，要靠心计的运用。使用这种方法时，一定要寻找对方的漏洞然后再采取行动。虽然对方威势肃然、内气旺盛，但如果加大对方的漏洞然后再行动，那么对方的威势自然会消散。分散对方的威势，自己要内心谦虚意志饱满。如果意志衰落、威势丧失，精神就不专注，其言辞就会外露而且前后矛盾、变化不定。因此观察对方的志向作为揣度判断的标准，以此为基础揣测游说、谋划各种事情，有时圆转灵活，有时方正直率。没有漏洞就不能分散威势，因为要分散威势，必须等待出现漏洞然后再采取行动，行动起来威势就可以分散了。所以善于发现对方漏洞的人，一定要修炼自己的五气，观察对方的虚实，只要行动就要达到分散敌势的目的。一旦行动就要跟踪对方的思路，并了解对方的计谋。所谓威势，是决定利害的关键，是使权宜机变发挥威力的条件。威势衰落，是因为不用心去审察事物的结果。

## 注释

①散势：指分散敌人的威势。鸷（zhì）鸟：凶猛的鸟。
②使：使用、运用。
③循：顺着、沿着。间：缝隙、间隙。
④推：推广、扩大。
⑤虚：谦虚。溢：满而外流。
⑥图：谋划、反复考虑。
⑦实：实际意图。

## 智慧·谋略

"散势"篇取篇首二字为题，"散势法鸷鸟"是《本经阴符七术》的第五术。

《鬼谷子》主张：分散敌人的威势要效法鸷鸟迅猛异常的进攻。分散敌人的威势，要靠心计的运用，要跟踪对方的思路，了解对方的计谋，没有漏洞就不能分散威势，因此要寻找到对方的漏洞然后再采取行动。即使对方威势肃然、内气旺盛，但如果找到对方的漏洞并使漏洞扩大然后再行动，对方的威势也会消散。《鬼谷子》强调，分散对方的威势，自己要内心谦虚、意志饱满。一定要修炼自己的五气，增强寻找对方漏洞的能力，只要行动就要达到分散敌势的目的。

春秋末年的晋国，以赵、魏、韩、智、范、中行等六家势力最大，史称"六卿"。智伯先是率领赵、魏、韩三家攻灭了范氏和中行氏，过了几年，智伯向魏宣子提出领地的要求。魏宣子不想给他，魏宣子的谋士任章说：不要正面拒绝智伯，不妨先满足他的要求。等他尝到了甜头，一定骄傲得意，更加贪得无厌，四处伸手。到那时，其他大夫必然会不满，从而促使各家联合起来，去收拾一个孤立而又骄傲轻敌的智伯，他的性命还能保得住吗？魏宣子听从了任章的计策，划出一些土地给智伯。后来，智伯果然被赵、魏、韩三家所讨厌。魏宣子不但收复了失地，还分得了更多的土地。在当时的情况下，任章选择了暂时交出土地，以等待时机，创造有利于自己的条件，最后再把它夺回来。任章的计谋在于发现了智伯的贪心，答应给智伯一些土地，使智伯更加放纵，加大了智伯的欲望，从而引起别人的厌恶，受到了孤立，被人联手而攻之。

# 【六】转 圆

转圆法猛兽[①]。转圆者，无穷之计也[②]。无穷者，必有圣人之心，以原不测之智而通心术[③]。而神道混沌为一[④]，以变论万类[⑤]，说义无穷。智略计谋，各有形容[⑥]，或圆或方、或阴或阳、或吉或凶，事类不同。故圣人怀此之用，转圆而求其合。故与造化者为始，动作无不包大道[⑦]，以观神明之域。

## 译文 

要把智谋运用得像转动圆珠一样自如，就要效法威势无穷的猛兽。所谓“转圆”，是指能构想无穷无尽的计谋。要有无穷的计谋，一定要有圣人的胸怀，以探究不可估量的智慧并沟通心术。神妙的造化自然原是混沌一体的，用变化的观点来讨论万事万物，所阐说的义理也是无穷无尽的。智慧谋略，各有各的形态，有的灵活圆转，有的方正直率，有的公开，有的隐秘，有的吉利，有的凶险，都是因为依据事物的类别而各不相同。所以，圣人根据这种情况以运用智谋，像圆珠运转一样不断变化，以求计谋与事物的状况相吻合。所以从创造化育万物的创始者开始，其行为没有不包含自然造化之道的，以此来观察神妙莫测的领域。

◎战国 琉璃陶珠◎

## 注释

①转圆：转动圆珠，引申为智谋运用自如、层出不穷。圣人的智谋就像不停转动的圆珠，所以才能操纵自如、层出不穷。这很类似于猛兽的动作，寓动于静、先伏后动、一旦跃起则威猛无比。

②计：计谋、计策。

③原：推究、探究。不测：不可估量、难以测出。

④神道：神秘的"道"，指造化自然。混沌：古人想象中的世界开辟前的状态。

⑤变：变化、改变。论：讨论、议论。

⑥形容：形象、形状。

⑦包：包含。

天地无极[①]，人事无穷，各以成其类[②]。见其计谋，必知其吉凶、成败之所终。转圆者，或转而吉，或转而凶。圣人以道先知存亡[③]，乃知转圆而从方。圆者，所以合语[④]；方者，所以错事[⑤]；转化者，所以观计谋；接物者，所以观进退之意。皆见其会[⑥]，乃为要结，以接其说也[⑦]。

## 译文

天地之大无边无际，人事变化无穷无尽，各自按照自然规律而分成不同的类别。通过考察其中的计谋，一定会得知吉凶、成败的归属。所谓像圆珠一样运转变化，有的转化为吉祥，有的转化为凶险。圣人凭借自然之道能预先得知事物的成败，也就知道了灵活变化是为了去确立方正的策略。圆转灵活，是为了使彼此意见融洽；方正直率，是为了正确地处理事务；运转变化，是为了观察计谋的得失；接触外物，是为了观察别人进退的意图。对这四种方法要融会贯通，然后归纳出要点和结论，以发展圣人的学说。

## 注释

①极：终极、极点。
②类：类别、种类。
③以：凭、靠。先：预先。
④合：投合、融洽。
⑤错：通“措”，安排、处理。
⑥会：汇合。
⑦接：接续。

## 智慧·谋略

“转圆”篇取篇首二字为题，“转圆法猛兽”是《本经阴符七术》的第六术。

《鬼谷子》主张，要把智谋运用得像转动圆珠一样自如，就要效法威势变化无穷的猛兽。智慧谋略，各有各的形态，这是因为依据事物的类别而各不相同。而圣人根据这种情况以运用智谋，像圆珠运转一样不断变化，以求计谋与事物的状况相吻合。因此，要运用自如无穷的计谋，一定要有圣人的胸怀。《鬼谷子》认为，天地无边无际，人事变化无穷无尽。凡事千变万化，但又有规律可循。圣人就能够把握规律，预先得知事物的成败，从而堂堂正正地运用某一策略。

公元249年的春天，魏帝曹芳到洛阳城南90里的高平陵（魏明帝陵）去祭祀，曹爽和他的弟弟中领军曹羲等人陪同。司马懿见机会已到，迅速部署人马关闭了洛阳的所有城门，占领了武器库，接管了曹爽和曹羲的军营，又派兵到了洛水的浮桥上。一切完成之后，司马懿又写了一个奏疏给曹芳，历数曹爽的罪过，要求罢去曹爽的兵权，不得稽留。司马懿又派人劝说曹爽早早归罪，还以洛水发誓，说这次行动只是要免除曹爽的官，其他方面还和以前一样，让他不必多虑。曹爽被吓得惶惶然，不知所措。曹爽的同乡桓范，当时担任大司农，略懂计谋，他劝曹爽当机立断，把天子带到许昌，然后再以天子的名义征发四方人马，号令天下。并分析说："曹羲另有军营在外面，可以随时调遣，从这里到许昌，不过一天多的时间。而且，许昌兵库里的武器足够我们使用。要说担心的也就是粮食，可是大司农的印在我们这里，你还怕什么？"桓范从天黑说到天亮，曹爽兄弟还是不敢行动。五更时分，曹爽把刀往地上一扔说："我就是把兵权交给司马懿，仍然有爵位在身，还可以做一个富家翁。"桓范一听，大哭着说："曹子丹（曹爽之父曹真的名字）这样一个出色的人物，怎么生出你们兄弟俩，比猪还蠢。"曹爽免官后回到洛阳家中，司马懿马上派人将他软禁起来，又在他的住宅四角筑起了高楼，派人日夜监视曹爽的行动。曹爽至此已是一筹莫展。不久，曹爽等人以阴谋叛逆的罪名被下狱处死。司马懿之所以能战胜曹爽，除了足智多谋，善于捕捉时机，还因为他果断行事、用兵神速。而曹爽才智低下，遇事犹豫，不能当机立断。如果当时曹爽听信桓范的计谋，也许就是另一个结果。

# 【七】损兑

损兑法灵蓍[①]。损兑者，机危之决也[②]。事有适然[③]，物有成败，机危之动，不可不察。故圣人以无为待有德[④]，言察辞，合于事。兑者，知之也；损者，行之也。损之说之，物有不可者，圣人不为之辞。故智者不以言失人之言[⑤]，故辞不烦而心不虚[⑥]，志不乱而意不邪[⑦]。

## 译文

要预测事物的损益吉凶就要效法灵验的蓍草。所谓预测事物的损益吉凶，是在事物刚刚有征兆时所应采取的方法。事情有偶然巧合，万物都有成败，即使是隐微的变化征兆，也不能不仔细观察。所以，圣人用顺应自然的无为之道来对待有德之人，谈话时注意观察对方的言辞，看他所说的与事理是否相符合。所谓“兑”，是用观察、思考洞察事理，是为了了解事物；所谓“损”，是排除杂念，是为了坚决行动。如果排除了杂念，进行了说解，对外界还是行不通的时候，圣人对此不再进行辩解。因此，聪明的人不以自己的言论排斥别人的言论，所以言辞不繁琐，内心也不空虚，志向不迷乱，意志也不会偏斜。

## 注释

①损兑：损益。灵蓍：灵验的蓍草。蓍(shī)，草名，古人常以其茎作占卜之用。
②机危：几微的迹象、先兆。决：通“诀”，方法。
③适然：偶然。
④待：对待。
⑤失：失去、失掉。
⑥烦：繁琐。
⑦邪：通“斜”，偏斜。

当其难易[1]，而后为之谋[2]，因自然之道以为实[3]。圆者不行，方者不止，是谓大功[4]。益之损之，皆为之辞。用分威、散势之权，以见其兑，威其机危，乃为之决[5]。故善损兑者，譬若决水于千仞之堤[6]，转圆石于万仞之谿[7]。而能行此者，形势不得不然也[8]。

## 译文

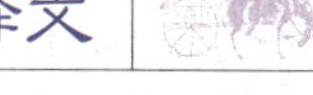

遇到事情根据它的难易程度，然后制定谋略，把顺应自然之道作为根本。灵活的计谋不擅自使用，方正的计谋不随便停止，这就叫做“大功”。谋略的增减变化，都给它一个言之成理的说辞。用隐藏自己力量、分散敌人势力的权谋，来发现对方的用心，事情刚刚出现征兆，就要及时对它做出决断。所以，善于运用损兑方法的人，就好像在千仞高堤上决口放水，或者像在万仞深谷中转动圆滑的石头。而所以能这样做，是地势因素造成的必然结果。

## 注释

①当：对着、面对。
②而后：然后。
③因：顺应、依据。以为：把……作为。
④圆者不行，方者不止，是谓大功：圆者易于转动，方者易于静止，故有此说。是谓，此谓，这叫做。
⑤乃：于是、就。
⑥譬若：好像、如同。决：打开缺口、导引水流。仞：古代长度单位，八尺（一说七尺）为一仞。文中之“千仞”、“万仞”，是夸张堤、谿之高、深。
⑦转：转动。谿：涧、山间的水流。
⑧形势：指地形上的高下平险之势。

## 文化拾遗

### 《鬼谷子跋》(卢文招[1])

是书，余年家子江都秦太史敦夫[2]，曾依道藏本绣梓为校一过。今年甲寅，始见钱遵王[3]手抄本，乃知藏本之讹脱不可胜计。《内揵》篇内至脱去正文、注文四百十有二字，余亟借以补正之。噫！若使无此本，不即以藏本为善本哉！校既竟，因为书其后。

#### [注解]

①卢文招(1716—1795年)：乾隆时期学者，精通校订古籍，他校勘的许多古籍都是善本。还著有《群书拾补》、《抱经堂集》。

②秦太史：指秦恩复。秦恩复，字敦夫。太史：指翰林院编修。

③钱遵王：指著名藏书家钱曾(1629—1701年)，遵王是钱曾的字。钱曾著有《读书敏求记》《述古堂书目》等。

## 智慧·谋略

◎孙膑书院◎

"损兑"篇取篇首二字为题，"损兑法灵蓍"是《本经阴符七术》的第七术。

《鬼谷子》主张，预测事物的损益吉凶要效法灵验的蓍草。强调在事物刚刚有征兆时就要及时做出判断，即使是隐微的变化征兆，也不能不仔细观察，从而迅速而果断地进行决策。这就是见微知著、以小见大。《鬼谷子》指出，谈话时要注意观察对方的言辞，看他所说的与事理是否相符合。遇到事情根据它的难易程度，然后制定相应的谋略，把顺应自然之道作为根本。《鬼谷子》说："善于运用损兑方法的人，就好像在千仞高堤上决口放水，或者像在万仞深谷中转动圆滑的石头。"

齐桓公会盟诸侯，卫国人来晚了。齐桓公上朝时便与管仲谋划攻打卫国。退朝以后，齐桓公进入内室，夫人卫姬连忙下堂跪拜，替卫国国君请罪。齐桓公说："我对卫国没有事，你为什么要请罪？"卫姬回答说："我见您进来的时候，迈着大步，怒气冲冲，有攻打别国的意思。看到我就变了脸色，这表明是要攻打卫国啊。"第二天，齐桓公上朝，向管仲作揖。管仲说："您不攻打卫国了吧？"齐桓公说："仲父您是怎么知道的？"管仲说："您升朝时作揖很恭敬，见到我面有愧色，我是据此推测到的。"齐桓公说："好。仲父治理宫外的事情，夫人治理宫内的事情，我知道自己不会被诸侯们耻笑了。"齐桓公用以掩盖自己意图的办法是不说话，卫姬、管仲却凭借对齐桓公的姿态的观察，经过分析，觉察到了齐桓公的内心想法。

# 持枢

本篇脱误比较多。陶弘景注说："此持枢之术恨太简促，畅理不尽，或篇简脱烂，本不能全故也。"目前残存的这一段主要强调为人君者要实行顺应自然规律的治国之道。

"持"，意为"掌管"、"执掌"；"枢"，是门扉的转轴，主管门的开关；"持枢"，指掌握自然规律，掌握事物的关键。

持枢，谓春生、夏长、秋收、冬藏，天之正也[①]，不可干而逆之[②]。逆之者，虽成必败[③]。故人君亦有天枢[④]，生养成藏，亦不可干而逆之。逆之者，虽盛必衰。此天道，人君之大纲也[⑤]。

## 译文

所谓“持枢”，就是掌握自然规律。比如春季萌生，夏季生长，秋季收获，冬季储藏，这是大自然的正常运行规律，是不可以冒犯和违背的。违背它的人，即使暂时成功，最终一定会失败。因此，国君也有应该掌握的自然规律，那就是使百姓生息，使百姓安居乐业，把百姓教养成才，爱护民力而不使用过度，这也是不可以冒犯和违背的。违背它的人，即使暂时兴盛，最终一定会衰亡。这是顺应自然规律的为政之道，是国君治国的基本纲领。

## 注释

①正：端正、不偏斜。
②干：触犯、冒犯。逆：违反、违背。
③虽：即使。
④人君：国君、君主。天枢：陶弘景注：“言人君法天以运动，故曰亦有天枢。”
⑤纲：网上的总绳，比喻事物的关键。

## 智慧·谋略

“持枢”篇所强调的是掌握、顺应自然规律。《鬼谷子》认为，规律是不能冒犯和违背的。违背它的人，即使暂时成功，最终一定会失败。

《鬼谷子》所说“春生、夏长、秋收、冬藏”，是大自然的运行规律，也是百姓的生产和生活方式。中国古代是一个以自然经济为主的农业社会，自然经济的特点是自给自足和靠天吃饭，“日出而作，日入而息”。为了维持简单的再生产和基本生活，就要因循大自然而不能违背。《鬼谷子》还指出，使百姓安居乐业、教养百姓、爱护民力而不使用过度，则是国君应该掌握的自然规律。并称：“此天道，人君之大纲也。”

决策也必须遵循客观规律，要对形势、时局、环境等进行科学的分析，掌握行动的关键。诸葛亮错用马谡导致街亭失守，诸葛亮跌足长叹：“大事去矣！”急命关兴、张苞各领兵三千去武功山小路作疑兵，命张翼领兵修整剑阁以备归路，又密令大军暗中收拾行装，以备启程。再令马岱、姜维去山谷中埋伏，为大军断后。诸葛亮安排已毕，便自领五千兵退去西城县搬运粮草，准备撤退。就在此时，哨兵报告说：司马懿率十五万大军蜂拥而来。此时，诸葛亮身边已无大将，只有一班文官，除去半数先去搬运粮草的，只有二千五百名士兵在城中。众官听到这个消息，都面如土色。诸葛亮却立即传令：藏起所有的旗帜，城中士兵安静勿动，打开四座城门，每门让二十个士兵扮作百姓打扫街道。诸葛亮则披上鹤氅，带上头巾，带着两名童子走到城楼之上，凭栏而坐，弹起琴来。司马懿的前锋部队见诸葛亮如此模样，不敢贸然进兵，急忙报告司马懿。司马懿笑而不信，命三军原地待命，自己亲自飞马来看。司马懿看罢大惊，急命前军作后军，后军作前军，赶快撤退。司马懿的次子司马昭说：“莫非诸葛亮手边真的没兵，所以故作此态吧？”司马懿说：“诸葛亮平生谨慎，不曾弄险。现在城门大开，必有埋伏。我若进兵，便中了他的计了。”于是，两路魏兵全部撤走了。众官见如此，问诸葛亮其中的缘故。诸葛亮说：“此人料我平生谨慎，必不弄险。见如此模样，疑有伏兵，所以退去。我也不愿冒此大险，只是事不得已，只好冒一次险了。”诸葛亮审时度势，准确猜想到司马懿的心理，用空城计吓退了司马懿，使蜀兵连夜退回到了汉中。

# 中经

“中经”，是《鬼谷子》关于由内心发出以把握外部事物的方法，其主旨是讲如何收服人心，使自己可以控制别人，掌握主动权。

“中”是个多义词，在本篇中使用“心”这个义项，即“内心”；“经”，意为“经营”、“管理”；“中经”，指以内心去经营外物。

“中经”，是处理人事、说服辩论应掌握的原则，可以说是游说之上的心传之经。本篇谈了很多具体的待人秘诀，如“见形为容，象体为貌”、“闻声和音”、“解仇斗郄”、“缀去”、“却语”、“摄心”、“守义”等，都是揣摩别人心理的笼络控制之术，其中也有一些狡诈奸巧的成分。

中经，谓振穷趋急[①]，施之能言厚德之人[②]。救拘执[③]，穷者不忘恩也[④]。能言者，俦善博惠[⑤]；施德人者，依道[⑥]；而救拘执者，养使小人[⑦]。盖士[⑧]，遭世异时危[⑨]，或当因免填坑[⑩]，或当伐害能言[⑪]，或当破德为雄[⑫]，或当抑拘成罪[⑬]，或当戚戚自善[⑭]，或当败败自立。故道贵制人，不贵制于人也[⑮]；制人者握权[⑯]，制于人者失命[⑰]。是以见形为容，象体为貌，闻声和音，解仇斗郄，缀去，却语，摄心，守义。本经纪事者纪道数[⑱]，其变要在《持枢》、《中经》[⑲]。

## 译文

所谓“中经”，是由内心发出以把握外部事物的方法，如救济贫困、救人危急，能这样做的人就是善于言辞而品德淳厚的人。如果解救了那些陷于困境的人，这些走投无路的人就不会忘记恩德。善于言辞的人，最能解决纠纷，能行善而广施恩惠；施行德义的人，能够遵循道义；救人于困境之中的人，能收养地位低下的人并让他听从使唤。一些士人，遇到世道乖异、时势危难，有的侥幸逃脱兵乱而免于死难，有的因能言善辩而遭到残害，有的被迫毁弃道德而称雄一方，有的被压抑甚至被拘捕而成为囚犯，有的心情忧戚但能修身自善，有的虽屡遭失败却能自强自立。所以，处世之道以控制别人为贵，不以被别人控制为贵；控制别人的人掌握着权柄，被别人控制的人就失去了命运的掌控权。因此，为了控制别人而常采用的方法有：“见形为容，象体为貌”，“闻声和音”，“解仇斗郄”，“缀去”，“却语”，“摄心”，“守义”等。《本经》所记载的是各种道术，它的变化要点则在《持枢》、《中经》二篇之中。

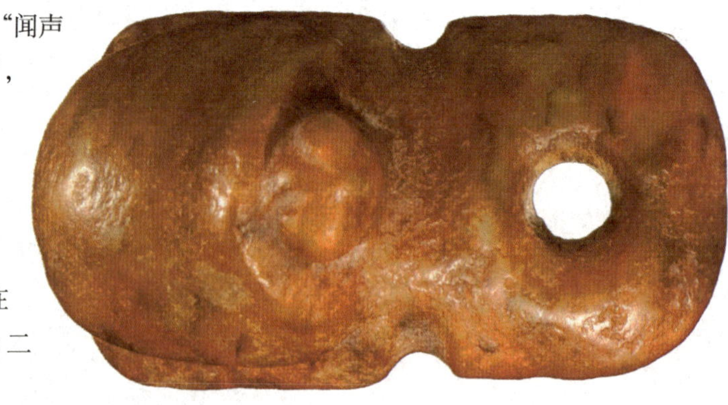

## 注释

①振：救济、拯救。穷：贫困、穷困。趋：奔赴、奔向。
②施：实行、实施。
③拘执：被拘捕的人，引申为陷于困境的人。拘，拘留、拘禁。执，逮、捕。
④穷：走不通、没有出路，即走投无路。
⑤俦（chóu）：类、同类。博：广。惠：恩惠。
⑥依：依照。
⑦小人：此指地位低下的人、平民。
⑧盖：句首助词，无实义。
⑨遭：遇、遇到。世异：世道乖异。
⑩困免填坑：幸免于难。填坑，死于沟壑。
⑪伐：伤害。
⑫破：毁坏。雄：指强有力而称霸一方。
⑬抑：压、压抑。罪：犯人、罪犯。
⑭戚戚：忧愁的样子。自善：独善其身。
⑮于：被。人：别人。
⑯权：权柄、权力。
⑰失命：指不能掌握自己的命运，被别人掌握了命运。
⑱本经：指本书卷上、卷中两卷。纪：记载、记述。道数：道术。
⑲变要：变化、要点。

见形为容，象体为貌者[1]，谓爻为之生也[2]，可以影响、形容、象貌而得之也。有守之人[3]，目不视非[4]，耳不听邪[5]，言必《诗》《书》[6]，行不淫僻[7]，以道为形[8]，以德为容[9]，貌庄色温[10]，不可象貌而得之。如是隐情塞郄而去之[11]。

## 译文

所谓“见形为容，象体为貌”，是说见到对方的形象就可以判断对方的容貌，就像爻卦占卜而得知预测结果一样，可以通过人的形象、声音、举止、容貌来获得信息。而那些有操守的人，眼睛不看错误的事物，耳朵不听邪恶的声音，言论一定依据《诗经》、《尚书》，行为不淫乱邪僻，以道为形体，以德为容颜，样子端庄，脸色温和，这样的人是不能从外表中了解到什么的。如果遇到这样的人，就隐瞒实情，堵塞漏洞并离开他。

## 注释

①见形为容，象体为貌：见到对方的形象就可以判断对方的容貌。
②爻：构成《易》卦的横画。
③守：操守。
④非：不对、错误。
⑤邪：邪恶、不正当或不正派。
⑥《诗》《书》：指《诗经》、《尚书》。
⑦僻：邪僻、不正。
⑧形：形体。
⑨容：容貌、面容。
⑩貌：外表、样子。庄：端庄。色：脸色。温：温和。
⑪如是：如此。隐情：隐瞒实情。塞郄：堵塞漏洞。郄，缝隙、空隙（xì）。去：离开。

闻声和音者[1]，谓声气不同[2]，则恩爱不接[3]。故商、角不二合，徵、羽不相配[4]。能为四声主者[5]，其唯宫乎[6]？故音不和则悲，是以声散伤丑害者，言必逆于耳也。虽有美行盛誉[7]，不可比目、合翼相须也[8]，此乃气不合、音不调者也。

## 译文

所谓“闻声和音”，是说听到对方的声音就用相同的声音去应和，如果人与人意气不相同，感情就不会相通。所以在五音中，商、角二音不相合，徵、羽二音不相配。能够成为商、角、徵、羽四声之主的，大概只有宫吧？所以，音调不协调就会产生悲音，因此散漫、中伤、难听、有害于人都属不和之音，把它表现出来一定是很难入耳的。即使有美好的品行，高尚的声誉，彼此间也不能像比目鱼和比翼鸟那样相互协调合作，这就是彼此意气不合、语言不协调的缘故。

## 注释

①**和（hè）**：随声附和。
②**声气不同**：指意气不相投、不情投意合。
③**接**：连接。
④**商、角不二合，徵、羽不相配**：宫、商、角、徵、羽都是古代五音的名称，商属金，角属木，徵属火，羽属水，根据五行相克的学说，金克木，水克火，所以才有商角、徵羽的乐声不调和的现象。
⑤**四声**：指商、角、徵、羽四声。
⑥**其……乎**：大概……吧、或许（恐怕）……吧。**唯**：只。**宫**：古代五音之一，被视为土，能和商、角、徵、羽四音。
⑦**虽**：即使。**美行盛誉**：美好的品行、高尚的声誉。
⑧**比目**：指比目鱼，眼睛长在身体的一侧，总是两条鱼在水中并游。**合翼**：即比翼鸟，传说此鸟一目一翼，总是两只鸟并羽齐飞，常用来比喻恩爱夫妻。须：需要。

◎战国 玉璧◎

解仇斗郄[1]，谓解赢微之仇[2]。斗郄者[3]，斗强也。强郄既斗[4]，称胜者高其功[5]、盛其势也；弱者哀其负[6]，伤其卑[7]，污其名[8]，耻其宗[9]。故胜者闻其功势，苟进而不知退[10]。弱者闻哀其负，见其伤，则强大力倍，死者是也。郄无强大，御无强大，则皆可胁而并[11]。

## 译文

所谓“解仇斗郄”，就是解决矛盾。“解仇”，是说调解弱小者之间的怨恨。“斗郄”，是要使有嫌隙的强国之间相斗。有嫌隙的强者相互争斗之后，舆论就会称颂胜利者的崇高的功业、盛大的威势；对失败者则同情他的失败，伤感势力的卑弱，使他感到玷污了自己的名声，使祖先蒙受了耻辱。所以，胜利者听到有人称颂他的功业和威势，如果前进就不知道后退。失败者听到人们同情他的失败，看到自己所受的损伤，就会奋发图强、力量倍增，为此而拼死作战。既然双方有怨隙并相互争斗，那么就不会很强大，就都可以胁迫他们服从自己，甚至吞并他们。

## 注释

①解仇：调解弱小者之间的怨恨。斗郄：使有嫌隙的强国之间相斗。

②赢（léi）微：微小。赢，弱。仇：怨恨、仇恨。

③郄（xì）：怨隙、嫌隙。

④既：已、已经。

⑤称：称赞、称颂。

⑥哀：怜悯、同情。负：败。

⑦伤：悲伤、哀伤。

⑧污：玷污。名：名声、名誉。

⑨耻：羞耻、耻辱。宗：先人、祖先。

⑩苟：假如、如果。

⑪胁：胁迫、逼迫。并：吞并。

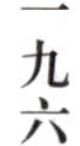

缀去者①，谓缀己之系言②，使有余思也。故接贞信者③，称其行④、厉其志⑤，言可为可复⑥，会之期喜⑦。以他人庶⑧，引验以结往⑨，明疑疑而去之。

## 译文

所谓“缀去”，是说联络离开自己的人，使彼此关系不中断，说出自己挽留他的话，让他离开后还想念不止。所以，对待忠贞守信的人，要称赞他的品行，鼓励他的志向，说他可以干一番事业，并欢迎他回来，对方领会后一定满怀期望和喜悦。再用别人的众多事例，来征引验证自己以往的行为，排解对方的疑难，疑难排除后即使对方离开了也会想念并不会忘记你。

◎钱树顶部——朱雀◎

## 注释

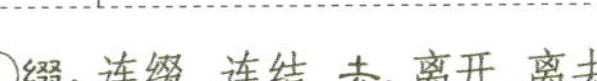

①缀：连缀、连结。去：离开、离去。
②系：接、连接。
③接：接待、交际。贞：忠、忠贞。信：守信、讲信用。
④称：称赞、称颂。行：品行。
⑤厉：通“励”，鼓励、劝勉。
⑥为：做。复：返、还。
⑦会：领会、理解。期：期望。
⑧庶：多、众。
⑨引：征引、引用。验：验证、检验。

却语者①，察伺短也②。故言多必有数短之处，识其短验之③。动以忌讳，示以时禁④。其人恐畏⑤，然后结信以安其心⑥，收语盖藏而却之⑦。无见己之所不能于多方之人⑧。

## 译文

所谓"却语"，就是驳斥对方言语的方法，这就要在暗中观察他人的短处。对方言语一多，一定有失言的地方，因此会暴露出很多短处，要记住他的短处并加以验证。用社会的忌讳触动对方，把当时的禁令展示给对方。对方害怕了，然后才用诚信与他结交，以此来让他安心，不再提以前他说过的话并为他保密，然后再让他离开。告诫他：不要把自己的弱点显露给见识广博的人。

## 注释

①却：拒绝、不受，引申为驳斥。
②察：仔细看、看清楚。伺：侦察、探视。短：短处、缺点。
③识（zhì）：记、记住。
④示：给……看。禁：禁令、法律或习惯上禁止的事。
⑤恐：害怕、恐惧。畏：怕。
⑥然后：然后才。结信：结以诚信。
⑦收语：收回话题，指不再提以前他说过的失言的话。却：退。
⑧无：毋、不要。见（xiàn）：显现、显露。

摄心者[1]，谓逢好学伎术者[2]，则为之称远；方验之[3]，道惊以奇怪[4]，人系其心于己[5]。效之于人[6]，验去乱其前[7]，吾归诚于己。遭淫酒色者[8]，为之术[9]，音乐动之，以为必死，生日少之忧[10]。喜以自所不见之事，终可以观漫澜之命[11]，使有后会。

## 译文

所谓“摄心”，就是收服人心；如果碰上好学技艺的人，就为他远播名声；一旦他的技艺得到验证，就故意称奇，对他的奇才异能表示惊叹，这个人就一定会把心交给自己。又使他的奇才异能在众人面前呈献出来，展示技艺结束以后，就称赞他的技艺超过了前人，成就归功于他自己的努力。如果遇到沉迷酒色的人，就要对他采取一定的方法，用音乐去打动他，让他认识到贪恋酒色必定使他自己处于死亡的境地，从而为有生之日的减少而忧愁。再用他自己所没有见过的事情来诱导他，让他喜悦，最终可以看到人生的广阔境界，使他对未来充满期望。

## 注释

①摄：收服、摄取。
②逢：碰、遇。伎：通“技”。
③方：当。
④惊以奇怪：故意称奇，大加惊叹。
⑤人：这个人，指“好学技艺者”。系：接、连接。
⑥效：献、呈献。
⑦验去：验证完毕，指在众人面前呈献结束。乱：扰乱，打破已有的秩序。前：前人。
⑧遭：遇、遇到。淫：沉迷。
⑨术：方法、手段。
⑩忧：忧愁、忧虑。
⑪观：看、观看。漫澜：无限遥远的样子。

守义者[①]，谓守以人义，探其在内以合也[②]。探心，深得其主也。从外制内，事有系曲而随之。故小人比人[③]，则左道而用之[④]，至能败家夺国[⑤]。非贤智，不能守家以义[⑥]，不能守国以道。圣人所贵道微妙者[⑦]，诚以其可以转危为安[⑧]，救亡使存也。

## 译文

所谓“守义”，就是要遵守人的义理，探求对方内心的想法，以求得判断与事实相符合。深入探寻对方的内心，就可以掌握他的主要思想。从外到内来控制他的内心，处理事情就有了联系和途径并因此而得到解决。如果小人勾结起来，就会使用旁门左道，甚至能导致家败国亡。如果不是贤德和聪慧的人，就不能用道义来管理国家。圣人之所以重视微妙之道的原因，是因为它的确可以使国家转危为安，可以拯救衰亡的国家而使它存留下来。

## 注释

①守：遵守、恪守。义：义理。
②探：探寻、探求。
③比（bì）：勾结。
④左道：邪道。
⑤家：古代卿大夫的领地。国：分封制下诸侯的封地。夺：失。
⑥守：管理。
⑦贵：看重、重视。
⑧诚：的确、确实。以其：因为它。

# 文化拾遗

## 《读书脞录》(孙志祖[1])

《读书脞录》"鬼谷子"条云:《鬼谷子》注,向有乐壹、皇甫谧、陶弘景、尹知章四家。近所传者,不著撰人名氏。近,秦太史恩复刻本题为"梁陶弘景注"。以注中有引"元亮曰"之文,元亮为陶潜字,弘景引其言去姓称字,故断为陶注。

志祖案:注中又有称"陶弘景曰"者,则其人在弘景后,而非弘景注明矣。近刻去此四字,但注云"别本引称陶弘景曰"。去姓称字,古人注书亦无此体例。疑所称元亮者,或其人姓元,未定是五柳先生也。今本盖唐尹知章注。尹知章《鬼谷子叙》,《困学纪闻》尝引之。

### [注解]

①孙志祖(1736—1801年):乾隆年间进士,精于考订。代表作有《读书脞录》七卷。

## 智慧·谋略

“中经”，是《鬼谷子》关于由内心发出以把握外部事物的方法，其主旨是讲如何收服人心，使自己可以控制别人，掌握主动权。《鬼谷子》认为，处世之道以控制别人为贵，不以被别人控制为贵；控制别人的人掌握着权柄，被别人控制的人就失去了命运的掌控权。接下来，鬼谷子阐释了为了控制别人而常采用的方法。

所谓“见形为容，象体为貌”，是说可以通过人的形象、声音、举止、容貌来获得信息，也就是从外表观察探知人的喜怒好恶的方法。这需要极高的直觉洞察力，人们初次见面时往往有“月晕效应”，要做到“一见其人，便知其实”，实属不易。所谓“闻声和音”，是说听到对方的声音就用相同的声音去应和。按照人的性情，同气则相求，异趣则相离。如果人与人言不投，意不合，就不能有和谐的谈话气氛，也就没有办法进一步去说服别人。所谓“解仇斗郄”，就是解决矛盾。“解仇”，是说调解弱小者之间的怨恨，尽可能争取更多的朋友，建立广泛的“统一战线”，团结起来以便共同斗倒强敌；“斗郄”，是要挑动有嫌隙的强国之间相斗，其目的是削弱他们，两败俱伤，使他们都不可能成为自己的强敌，进而达到胁迫他们服从自己，甚至吞并他们的目的。“鹬蚌相争，渔翁得利”，这其中自有许多奥妙。所谓“缀去”，是说联络离开自己的人，使彼此关系不中断。不妨说些挽留他的话，或者称赞他一番，让他离开后还想念不止。所谓“却语”，就是驳斥对方言语的方法，这就要在暗中观察他人的短处，要记住他的短处作为以后的证据。再用社会的忌讳触动对方，把当时的禁令展示给对方，当对方害怕了才用诚信与他结交，安抚其恐惧的内心。

所谓“摄心”，就是针对不同的人，采取相应的策略以收服人心。所谓“守义”，就是要遵守人的义理，即运用权谋之术，深入探寻对方的内心，以掌握他的主要思想。从外到内来控制他的内心，处理事情就有了联系和途径并因此而得到解决。

“解仇”，需要人的心胸坦荡，才能尽释前嫌，不得患得患失。春秋时期，齐国的鲍叔牙就有忘短贵长的优秀品质。管仲因为家里贫穷，在分东西时便自己多拿一些；家中又有年迈的老母，所以管仲三次临阵脱逃；管仲为保齐桓公的弟弟公子纠而射伤齐桓公等等。这些过错，鲍叔牙都为他开脱而力荐给齐桓公。最终，管仲得以重用，帮助齐桓公开辟了齐国的强盛局面。

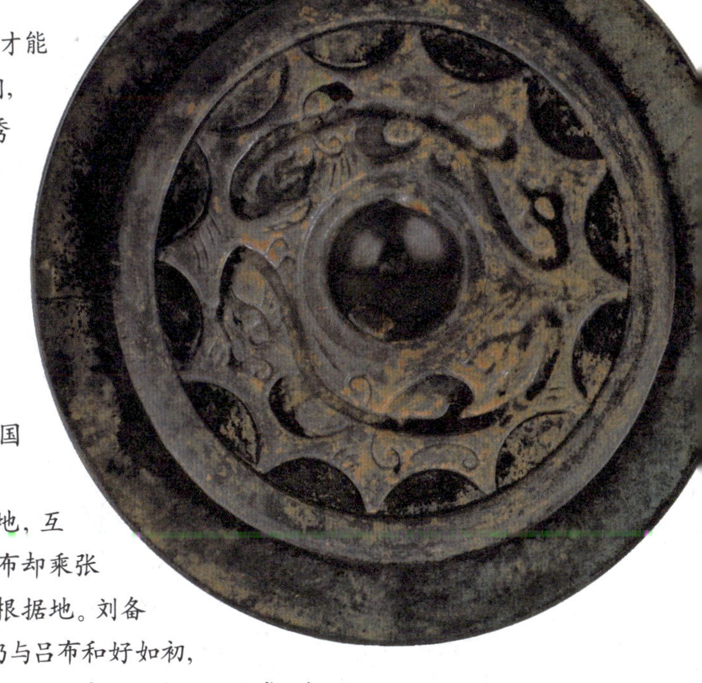

◎连弧龙凤纹铜镜◎

东汉末年，群雄并起，夺城掠地，互相兼并。当时，刘备占据了徐州，吕布却乘张飞的一时疏忽，袭占了刘备的这个根据地。刘备势弱，只好逃驻小沛。表面上刘备仍与吕布和好如初，但时刻都想着除掉吕布。曹操一向爱才，他素知吕布骁勇非常，武艺天下无双，刘、关、张曾三战吕布，也只打了个平手，有心收降吕布。吕布武艺虽高，为人却苟且贪生，当他被绑到帐前时，便有意试探地说：“缚得太紧了，请稍松一点。”曹操回答说：“缚虎不得不紧。”吕布却对曹操说：“你所顾虑的不过是我，如果有我辅佐你，天下何愁不定。”一句话正对曹操的心思，便有了宽免收用吕布之意。这时，吕布看见刘备立在曹操身边，又恳求刘备能替他说句好话。吕布没想到，在他生死关头，刘备慢悠悠地对曹操说了一句话，便结束了吕布的性命：“您没看到吕布是怎样服侍丁建阳和董卓的吗？”刘备的话立刻提醒了曹操。当初，吕布曾是丁建阳的部下和义子，他投靠董卓时，就杀了义父丁建阳。后来，为了争貂蝉，吕布又杀掉了第二个义父董卓。于是，曹操立刻命令刀斧手把吕布推出斩首。吕布这个以骁勇著称的战将，由于屡屡改换门庭，认贼作父，终于死于非命。吕布被擒，表面上是死于曹操之手，实际上是死于刘备之言。刘备进言斩吕布，既为自己报了夺地之仇，又避免被曹操收为心腹大将、增强实力，将来成为刘备的劲敌。可谓一举两得。刘备就是暗中观察吕布的短处，利用这些事情达到了自己的目的。

当年，齐国的孟尝君、楚国的春申君、赵国的平原君等都曾笼络了三千名“食客”，这些宾客们各怀绝技，为各自的主子竭忠尽力，立下了大功。孟尝君摄取人心的本领尤为突出，他在谈话时问及宾客的家庭情况，让人在幕帐后记下。客人一走，孟尝君立即差人送去礼物，使得宾客们感激涕零。后来，这些所谓“鸡鸣狗盗”之士，为孟尝君摆脱险境、重登宰相宝座立下了汗马功劳。

自汉武帝“罢黜百家，独尊儒术”以来，儒学一直被奉为正统，孔子的仁义道德思想被广为宣传，儒学思想成为封建国家的统治思想。另一方面，中国古代、尤其是战国时期，又是一个尔虞我诈、相互倾轧十分厉害的社会，要在这样的社会中立稳脚跟，制人权术必然为一些官僚士大夫所热衷。这就使《鬼谷子》这样的书受到一些文人激烈的抨击，又因其实用性强而得到一些文人的吹捧。中国古代的文化，就是这样真伪杂糅、精华与糟粕并存、虚伪的和实用的兼而有之。如果剔除其中狡诈奸巧的糟粕，善意运用揣摩心理之术，《鬼谷子》的这些待人秘诀还是有借鉴意义的。